GLANES HISTORIQUES

GLANES HISTORIQUES

SUR

LE HAVRE

ET SON

ARRONDISSEMENT

PAR

ALPHONSE MARTIN

Membre de la Société Havraise d'Etudes Diverses

I.

◆

HAVRE

LIBRAIRIE BOURDIGNON, PLACE LOUIS XVI, 19.
FÉCAMP
IMPRIMERIE DE L. DURAND, PASSAGE SAUTREUIL
1878

OUVRAGES DU MÊME AUTEUR

Notes pour servir à l'Histoire de l'Abbaye de Valmont, Brochure, petit in-8°, de 85 p. — 1876.

Notice historique sur Sanvic et le Protestantisme dans cette Paroisse, au Havre et les environs, aux XVIᵉ et XVIIᵉ siècles, 1 Volume in-8°, de 432 pages. — 1877

La Confrérie et Charité de Notre-Dame de Sainte-Adresse, Brochure, in-8°, de 16 pages. — 1877.

GLANES HISTORIQUES

SUR

LE HAVRE

ET SON

ARRONDISSEMENT

PAR

Alphonse MARTIN

Membre de la Société Havraise d'Etudes Diverses

FÉCAMP

IMPRIMERIE DE L. DURAND, PASSAGE SAUTREUIL

1878

AVANT-PROPOS

L'histoire normande peut être comparée à un champ vaste, presque sans limites, sur lequel des historiens demeurés célèbres, ont, depuis un demi-siècle, récolté de précieux renseignements sur la vie, les mœurs et les exploits de nos ancêtres, sur la création et le développement des villes et des communes; mais le vaste sujet qu'ils embrassaient et les siècles qu'il leur fallait parcourir pour arriver au classement chronologique de leurs documents, ne leur ont pas permis de faire une moisson complète. Ils ont dû forcément éliminer une foule de détails historiques et laisser à leurs successeurs ou à leurs contemporains, plus modestes et moins érudits, le soin de les recueillir et de les approfondir ; ce sont quelques-uns de ces fragments de l'histoire du Havre et de son arrondissement que je vais publier ici.

J'y suis encouragé par l'accueil favorable qui m'a été fait, il y a deux ans, lors de la publication de mes quelques notes sur l'histoire de l'Abbaye de Valmont.

Sans doute, cette publication est un peu

incohérente : de la Justice nous allons à la
Presse, de la Presse à la Marine et au
Commerce, de la Marine et du Commerce à
la Police. Ensuite, nous passons en revue
les nombreuses Confréries havraises ; témoi-
gnage de l'union et de la confraternité de
nos ancêtres, et après cette excursion dans
l'histoire du Havre, nous continuons nos
pérégrinations à travers l'histoire de Montivilliers et de Fécamp, villes qui, jadis, ont
tenu la place qu'occupe actuellement le
Havre dans le pays de Caux, au point de
vue administratif, commercial et industriel.

Ces détails sont isolés et n'ont aucun lien
qui permette d'en composer un récit ayant
quelque suite. C'est pourquoi, ne voulant
pas garder pour moi seul le résultat de mes
recherches et désireux, au contraire, d'en
faire profiter tous ceux que l'étude de l'histoire intéresse, j'ai pensé à les publier sous
forme de simples fragments.

Puissent ces quelques glanes, échappées
aux patientes recherches de nos écrivains
havrais, offrir assez d'attrait pour ne pas
fatiguer le lecteur bienveillant qui daignera
jeter un regard sur ce petit recueil.

ALPHONSE MARTIN

PREMIÈRE GLANE

UN

ÉPISODE DE L'INVASION ANGLAISE

EN 1415

PREMIÈRE GLANE

Un épisode de l'invasion anglaise
(1415)

En 1415, lorsque le roi d'Angleterre avait résolu d'envahir notre territoire, il avait songé à s'emparer, tout d'abord, de la ville qui, par sa situation et son importance, était alors considérée comme la clef de toute la Normandie, c'est-à-dire Harfleur ; à cet effet, il avait débarqué près de cette ville, le 13 août 1415, avec une armée que l'on n'estime pas moindre de 50,000 hommes de toutes armes, munis de tous les engins propres à entreprendre un siége en règle.

Harfleur, quoique défendu par quelques centaines d'hommes d'armes et de bourgeois, ne s'était pas laissé intimider par ce déploiement de forces inusité ; il avait soutenu un siége devenu mémorable dans ses annales historiques, et encore, il n'avait subi la loi du vainqueur que par la trahison de quelques-uns de ses défenseurs, qui avaient cru devoir cesser la lutte, sans se

préoccuper des exactions dont ils allaient
être victimes de la part du cruel roi d'Angleterre. On sait le sort qui leur fut réservé,
et il est inutile de retracer ici cette page
sombre de l'histoire d'Harfleur.

Maîtres de la ville, les anglais se condui-
sirent en vrais possesseurs du sol ; ils le
mirent en coupes réglées et se le partagèrent
entre eux ; puis ils se répandirent dans les
campagnes, jetant partout la terreur et la
désolation, respectant, tout d'abord, les
villes fortifiées, car le long et pénible siége
d'Harfleur les avait rendus circonspects.

Le roi d'Angleterre fit relever les fortifications de la ville d'Harfleur et organisa
un gouvernement et une administration
dont les membres furent pris parmi ses
sujets et compagnons d'armes. Thomas de
Beaufort, comte d'Orcet ou d'Orcède, son
oncle, fut institué gouverneur, et Jean Le-
Blond, commandant des hommes d'armes ;
quant au monarque anglais, il partit
d'Harfleur en octobre 1415, et retourna
dans son pays.

Le comte d'Orcède, profitant de la terreur qui régnait dans les environs, se mit

à les ravager et y fit plusieurs excursions, mais il se rencontra, près de Valmont, avec les Français et livra un premier combat qui lui fut défavorable, puis un second dans lequel il fut plus heureux ; mais laissons parler nos vieux chroniqueurs, car leur récit a un caractère de véracité et de sincérité auquel nous ne pourrions suppléer.

Bien que nous ne devions nous occuper que du deuxième combat, il est néanmoins important de rappeler le premier, le second en ayant été la conséquence.

On lit d'abord dans la *Chronique de la Pucelle* ou *Chronique Normande, de P. Cochon,* publiée et annotée par Valet de Vireville, que :

« En Harefleu, laissa le roi d'Angleterre,
« à son partir, le comte d'Orcède. son
« oncle, qui a grant gens se mist sus
« pour le païs de Caux fourrager ; dont
« sceut nouvelles le connetable de France,
« que le dit d'Orcède rencontra une jour-
« née devers le soir, au mois de janvier,
« en celui an (1415-1416), près Valemont
« et là combatti les Anglais dont y ot grand
« occision et à Harefleu se retraï le comte
« d'Orcède. »

Cette chronique est, on ne peut plus la-
conique et ne mentionne pas le second
combat livré aux anglais. En voici une seconde qui est plus explicite.

Dans la *Chronique de Normandie*, de *Jean
Nagerel*, citée par de la Motte dans ses
Antiquités d'Harfleur, on lit textuellement
ce qui suit :

L'an 1416 (1), le comte de Dorset étoit à
Harfleur, et un peu auparavant que le roi
de France le fit assiéger, il fut jusqu'à
Cany, et au déloger, y fit mettre le feu. Le
comte d'Alminach (lisez d'Armagnac), qui
était connétable de France, avait grand
nombre de gens d'armes, y étoit messire
Louis de Logny, Thibault de Laval et plusieurs autres seigneurs de marque ; les
anglais étant partis le 14 de mars, de Cany
(il y a évidemment une erreur de date,
car ce fut en janvier qu'eut lieu le combat
près Valmont) ; ils se rencontrèrent à Vieuville, près Vallemont, où il y eut *grand
combat*, et le comte Dorset se tint en ba-
taille avec une partie de ses troupes, sur

_____

(1) Il y a ici une erreur provenant de la différence
entre le calendrier alors en usage et celui adopté à la
fin du 16ᵉ siècle. L'année commençait seulement à l'â-
ques, et par conséquent, on était encore en 1415.

un fossé, au bout d'un jardin où les Français ne purent entrer, et en cette place et
à l'endroit de ce jardin, il y eut 800 anglais
de tués au rapport de ceux qui les enter-
rèrent, et quand la nuit fut venue, Dorset,
et d'Arminach se parlèrent et l'on ne put
savoir ce qu'ils traitèrent ensemble, mais
d'Arminach fit sonner la retraite, laissa
les Anglais et s'en alla loger à Valmont,
dont les français furent mal contents, tous
les anglais perdirent leurs chevaux et ba-
gues ; *de là partirent les Anglais, tous de
pied, et marchèrent toute la nuit, allant par-
dessus la grève à Harfleur, et le lendemain,
le comte d'Arminach et sa compagnie les
poursuivit et les atteignit près du chef de
Caux, sur les grèves où descendirent les Français pour combattre. D'Arminach ne descen-
dit point, mais se tint sur la falaize où lui
et ses gens regardaient le combat des Français sans leur ayder, pourquoi les Français
furent battus et défaits ; il y mourut plusieurs
gentilshommes du pays de Caux entre lesquels fut Villequier, après cela, les Anglais
s'en retournèrent à Harfleur et d'Arminach
à Montivilliers, sans rien exécuter.*

Enfin, il résulte d'un passage des mé-
moires de Lefebvre de Saint-Remi, hérault
d'armes du duc de Bourgogne, cité par M.

l'abbé Maze, que le deuxième combat entre les Français et les Anglais, *eut lieu dans les marais à deux lieues d'Harfleur.*

En combinant le récit fait dans les chroniques de Nagerel, avec l'indication donnée par Lefebvre de Saint-Remi, il est facile de déterminer l'endroit précis du combat livré aux environs d'Harfleur.

Les marais dont parle Lefebvre de Saint-Remi, étaient très-certainement situés près du chef de Caux, car la chronique de Nagerel mentionne le voisinage de cette paroisse et la route suivie par une des armées combattantes. Or, à deux lieues d'Harfleur, près du *chef de Caux*, nous trouvons les marais du bas-Sanvic, aujourd'hui réuni au Havre, bornés à l'ouest, par les grèves du *chef de Caux.* C'est donc sur le territoire de Sanvic qu'eut lieu le combat dont nous parlons. Et pour préciser davantage, nous ajouterons que ce fut au-devant des tuileries et de la côte des Brindes, dans un espace de terre aujourd'hui enlevé par la mer. Le terrain était relativement favorable aux Anglais, puisqu'ils se trouvaient en vue d'Harfleur, d'où ils pouvaient espérer du secours en cas de défaite et qu'ils n'avaient rien à craindre des autres places fortes encore au pouvoir des Français qui étaient beaucoup trop éloignées.

Une opinion contraire ayant été récemment émise, au sujet de l'endroit où s'est livré ce deuxième combat, nous allons l'examiner. On prétend que la lutte aurait eu pour théâtre un emplacement marécageux dépendant de la commune de Rolleville (près Montivilliers), et qui se trouverait dans le rayon de deux lieues indiqué par Lefebvre de Saint-Remi, sur lequel on s'appuie uniquement, en oubliant, sans doute, que les anglais venant d'être battus près de Valmont, n'ont pu aller prendre une route qui les conduisait précisément sous les murs de Montivilliers, ville qui n'était pas encore à leur pouvoir (elle ne capitula que le 23 janvier 1418), et dont la garnison leur aurait certainement barré le passage.

Le retour sur le littoral présentait au contraire plus de sûretés ; il ne faut pas oublier que les falaises ont sensiblement été modifiées depuis 500 ans ; la grève était sans doute plus praticable qu'aujourd'hui. La côte, à l'exception de Fécamp, était dégarnie de forts ou autres retranchements ; Etrétat, notamment, était entièrement ruiné, et presque sans habitants ; les quelques paysans de la côte, sans aucun appui, étaient trop épouvantés des nouveaux conquérants pour se hasarder à une lutte sans chance de réussite, et qui pouvait leur attirer des représailles sanglantes. Les Anglais n'avaient rien à craindre de la part du comte d'Armagnac, dont l'inertie avait été inexplicable après le combat de Vieuville. D'un autre côté, ce dernier combat tout en restant en définitive favorable aux Français, leur avait néanmoins fait subir des pertes importantes et les avait peut-être empêché de poursuivre tout d'abord leurs adversaires.

Enfin, il est certain que les Anglais prirent un chemin détourné, puisque le connétable d'Armagnac, n'étant parti de Valmont que le lendemain, avait réussi à les rejoindre avant leur rentrée à Harfleur, bien qu'ils eussent plusieurs heures d'avance sur lui.

Le doute ne peut donc être permis c'est bien sur le territoire de Sanvic (aujourd'hui en partie enlevé par la mer et le surplus annexé au Havre), que, grâce à une sorte de trahison du comte d'Armagnac, les anglais livrèrent, au mois de janvier 1415-1416, un combat qui leur permît de rentrer à Harfleur en nous infligeant une défaite regrettable.

DEUXIÈME GLANE

———

LE PALAIS DE JUSTICE DU HAVRE

EN 1690

DEUXIÈME GLANE

Le Palais-de-Justice du Havre en 1690.

Si en admirant notre nouveau Palais-de-Justice, d'un aspect si grandiose et si sévère, nous nous reportons à deux siècles en arrière, en nous rappelant ce qu'était le Palais-de-Justice du Havre-de-Grâce, à la fin du xviie siècle, nous trouverons un contraste des plus frappants entre ces deux édifices. Dans le premier, les matériaux les plus précieux, la pierre, le granit, le marbre, les métaux ont été employés avec profusion ; de gigantesques colonnes, sveltes et gracieuses, soutiennent une voûte hardie et proportionnée ; dans l'autre, de modestes murailles, presque entièrement construites en bois, supportent une humble couverture en tuiles. Dans notre nouveau Tribunal, une immense salle des Pas-Perdus occupe la partie inférieure ; dans l'autre, cette même partie est affectée à des halles et à des boucheries.....

Si, dans le premier, l'agréable a été préféré à l'utile, il en est tout autrement à l'égard du second. En effet, ce rapprochement du temple de Mercure et de celui de Thémis, si bizarre qu'il puisse paraître au premier abord, avait quelque raison d'être, car les audiences se tenaient précisément les jours de marché. Les habitants des paroisses voisines y venaient pour leurs affaires judiciaires et commerciales, et évitaient ainsi des pertes de temps toujours préjudiciables.

Le Havre a eu successivement plusieurs bâtiments affectés à l'administration de la justice, mais on ne possède, pour ainsi dire, aucun renseignement sur le premier, qui dut être construit vers 1551, lors de l'établissement dans cette ville d'un siége du Bailliage.

Le deuxième Palais-de-Justice, dont nous allons nous occuper et qui fut reconstruit en 1690, avait été élevé, dit M. Frissard, en 1572, sur l'initiative de Polydamas Hacquet, successeur de Robert Hacquet, premier lieutenant civil et criminel au Havre ; comme le précédent, l'édifice avait diverses dépendances affectées aux halles et aux boucheries de la ville. C'était au premier étage que se tenaient les différentes juridictions, et au-dessus se trouvaient de vastes greniers de réserve.

Toutefois, la partie centrale du bâtiment était de fond en comble réservée à la justice civile et criminelle ; le rez-de-chaussée était occupé par les *écritoires des sergents*, au-dessus, se trouvaient la salle d'audience, le parquet, la chambre du conseil et le greffe civil et criminel.

Les deux extrémités de l'édifice étaient affectées, l'une au siége de la vicomté ou plutôt du lieutenant particulier de la vicomté de Montivilliers, et l'autre à celui de l'amirauté, chacune avait son prétoire, sa chambre du conseil et son greffe respectifs. La vicomté et l'amirauté furent construites quelques années après l'auditoire, car cette dernière partie menaçait ruine un siècle plus tard, et le surplus était encore en état de subsister.

En 1690, on résolut de reconstruire l'auditoire presque en entier, et au mois de février, il fut dressé un *devis de réparations nécessaires à faire à l'auditoire de cette ville*

du Havre pour prévenir le malheur qui arri-
vera indubitablement par la chute inopinée
de ce bâtiment, si on n'y remédie promple-
ment (sic).

Le 22 mai 1690, on procéda à l'adjudi-
cation de ces travaux. L'édifice dépendant
du domaine du Roy, cette formalité se fit
par devant M. Menessier, subdélégué de
Mgr de Chamillard, intendant de la province ; toutefois, le Palais-de-Justice étant
aussi considéré comme *bâtiment municipal*,
il était entendu que M. Thibault, maître
des ouvrages publics, y aurait l'œil....
Pierre Derubey, le jeune, resta adjudicataire par le prix de 1,800 livres, plus 237
livres pour travaux imprévus ; les travaux
devaient être terminés, au plus tard, à la
fin d'avril 1691 ; néanmoins, l'adjudicataire
devait prendre les précautions nécessaires
pour ne pas nuire à l'étal des boucheries,
à l'occasion des fêtes de Pâques. Mais il
avait un privilège qui n'était certes pas à
dédaigner, celui d'être dispensé de payer
les droits d'entrée ou autres, pour les matériaux à employer dans la reconstruction,
qui était *publiée et ordonnée par Sa Majesté*.

L'entreprise consistait notamment dans la démolition et la reconstruction, sur une largeur de 12 mètres, de la façade de l'auditoire, de la charpente du comble, du grand escalier et des écritoires des sergents. Mais les matériaux employés à cette reconstruction différaient sensiblement de ceux actuels : la pierre de taille était réservée pour les socles sur une hauteur de un pied huit pouces ; seulement, ces socles étaient surelevés de soubassements en cailloux et le surplus des murailles était construit en *charpente ou colombage*, c'est-à-dire presque entièrement en bois. Il était expressément recommandé que les bois fussent *bons, sains, loyaux, sans aubier*, etc., le tout mesuré à la solive-mesure de Paris qui contenait un mètre cube.

Toute la façade de l'auditoire fut donc réédifiée à neuf, l'escalier refait en bois devait être peu monumental, si l'on juge par les détails de l'exécution ; la salle d'audience ou prétoire, fut agrandie et prolongée de 11 pieds sur la boucherie ; enfin, les juges n'ayant pas eu jusqu'alors d'endroit convenable pour travailler séparément, il fut établi une chambre de 5 toises carrées joignant celle du conseil ; le tout était couvert en tuile commune. Les travaux, poussés avec activité, furent terminés dès le 1er février 1691, c'est-à-dire trois mois avant l'époque prévue.

Après avoir rappelé ce qu'était le Palais-de-Justice, citons quelques-uns des fonctionnaires judiciaires qui l'occupèrent à la fin du xviie siècle, les membres du barreau inscrits dans les vingt dernières années de ce siècle, et les autres officiers de justice.

Le bailliage, avons-nous dit, avait été établi au Havre, en février 1551, mais ce n'était, à proprement parler, qu'un siège particulier du grand Bailliage de Caux, tenu par un lieutenant civil et criminel ; ce siège était occupé, à la fin du xviie siècle, par Louis-François Bocquet de Romainville. La compétence du bailli ou de son lieutenant, consistait dans la répression de tous les crimes, et la connaissance des matières héréditaires et personnelles entre nobles, du patronage des églises, des bénéfices ecclésiastiques et des priviléges royaux.

La vicomté du Havre avait pour lieutenant général Jacques Hamel, pour lieutenant particulier, Isaac LeDentu, qui eut Pierre Legrain pour successeur. Guillaume Loudet était greffier de cette vicomté. Les vicomtés ou leurs lieutenances, supprimées en 1749, dans toutes les villes où il y avait un bailliage, connaissaient de tous les différends entre les roturiers, des clameurs, tutelle, vente de biens de mineurs, partage de successions les concernant ; ils étaient, en outre, chargés de la conservation des cours d'eaux, des chemins et des ponts.

Jean De la Mare, Pierre Le Prevost de Tournion et Jean Estur étaient procureurs du roi près le bailliage, la vicomté et le grenier à sel. Nicolas de Bailleul et Jacques Menessier occupaient le poste d'avocats du roi aux mêmes sièges.

Enfin, l'amirauté comprenait un certain nombre de fonctionnaires, notamment un lieutenant-général et un lieutenant particulier. Cette juridiction jugeait tout ce qui avait trait à la marine et aux grèves de la mer.

Les avocats étaient très-nombreux ; parmi ceux qui étaient inscrits au Havre dans les vingt dernières années du XVII° siècle, nous citerons les suivants : Richard Aprix ; Nicolas Bailleul ; Louis Du Croq de Biville ; Jean-Baptiste Conradin ; Daniel Debray ; G. Flourigand ; Jean Gasquerel ; Nicolas Grégoire ; Nicolas Grouet ; Antoine Gosselin ; Charles Hantier ; Sébastien Henry ; Jacques Legrand ; Louis LeDentu ; Jacques Louvel ; Etienne-Louis Letournois ; François Maugis ; Pierre Manoury ; François Simenel ; Michel Servain ; Pierre Viger.

La profession d'avocat était et a presque toujours été libre ; toutefois, sous le ducs Normands, en Angleterre et en Normandie, ils devaient être agréés par les juges de comté, d'où leur était venu le nom de *conteurs ;* ils plaidaient la tête couverte même devant le Roi ; leur habillement consistait dans une robe noire à queue traînante, le rabat et le bonnet carré.

Le nombre des procureurs, auxquels ont succédé les avoués, était moins important ; nous ne connaissons que Nicolas Lunel, Nicolas Gougeas, Jean Costé, Jacques Bu-

non et Jean Sello ; ils portaient à peu près
le même costume que les avocats, mais ils
étaient soumis à de singulières précautions qui dépeignent bien certaines faibles-
ses dont les ont accusés nos comédiens
du xviie siècle. Il leur était interdit,
notamment, de recevoir quoique ce soit
de leur client pendant la durée du procès.
Cette prohibition n'a pas été, avec raison,
adoptée dans notre législation moderne,
car si les médecins et les pharmaciens tien-
nent, pour ainsi dire, la vie de leurs clients
entre leurs mains, il en est autrement des
avoués ou procureurs.

Deux sergents étaient chargés d'exécuter les ordres de la justice civile et criminelle
et avaient leur bureau ou plutôt leur écri-
toire dans l'enceinte de l'auditoire; c'étaient
Jean Bertin et Pierre Igneult. Il y avait,
en outre, un autre sergent pour la vicomté
et trois pour l'amirauté.

Indépendamment des *sergents*, il y avait
deux huissiers de *huis* (porte), qui étaient
chargés, comme leur nom l'indique, des
portes de l'auditoire et du service des audiences ; ils faisaient, en un mot, l'office

des huissiers audienciers de notre temps ;
l'un était Ambroise Deglos et l'autre Jacques Helland.

Disons, entre parenthèse, que l'éducation
et l'instruction des huissiers et sergents
étaient bien peu développées, car de nombreuses ordonnances, rendues au xve et au
xvie siècle, défendaient de les recevoir s'ils
ne savaient ni lire ni écrire. Le nom de
sergent leur était donné à cause de leur
position d'hommes de service ; il dérivait
de *serviens* et non pas de *serre-gens* comme
cela a pu être dit par l'abus d'un calembourg.

Avant de terminer cette note, rappelons
que l'auditoire était communément appelé
la cohue du roi. Ce nom était donné, en
Normandie surtout, à l'auditoire des petites justices ; à Montivilliers, notamment,
la rue *Vieille-Cohue* provient du plaid ou
auditoire qui s'y trouvait, et Joas Beraut,
dans ses commentaires de la Coutume de
Normandie, nous dit « qu'on ne doit juger
« aucun différend ni dans les églises ni
« dans les cimetières, mais en la cohuë,

« ainsi dite *a cœuntium litigatorum multi-*
« *tudine.* »

Ce Palais-de-Justice a été remplacé en
1758 par celui abandonné il y a deux ans,
et qui se trouve sur la place du Vieux-Mar-
ché. Les plans de ce dernier ont été dressés par M. Dubois, ingénieur des ponts et
chaussées, et la première pierre posée le 4
septembre 1758.

TROISIÈME GLANE

L'IMPRIMERIE AU HAVRE

AVANT 1790

DEUXIÈME GLANE

L'Imprimerie au Havre avant 1690

Le Havre a toujours été considéré comme une ville de progrès, accessible à tous les perfectionnements ; cependant, elle est une de celles où la découverte de Jean Guttemberg a été appliquée le plus tardivement. En effet, il s'écoula un intervalle de plus do 150 ans, entre la fondation de la ville, qui elle-même avait lieu un demi siècle après cette découverte, et l'installation de la première imprimerie Havraise. Rouen et Dieppe, dans la Haute-Normandie, conservèrent longtemps le monopole de cette industrie. Nous dirons toutefois, que, vers 1520, il existait une imprimerie à Guillerville, près Bolbec. Elle était tenue par Guillaume Auberée, ancien libraire à Rouen, où il avait fait de mauvaises affaires ; mais il ne paraît pas qu'il ait mieux réussi à Guillerville.

Ce peu d'empressement des havrais pour embrasser la carrière d'imprimeur, peut s'expliquer par deux causes ; d'abord, le nombre considérable des imprimeurs Rouennais, et ensuite, les bénéfices peu lucratifs attachés alors à cette profession. M. Gosselin, dans ses recherches sur les imprimeurs Rouennais, a constaté qu'en général, ils n'amassaient guère de richesses et avaient plutôt recours à la bourse de leurs concitoyens. Nos vieux Havrais préféraient sans doute l'aléa du commerce à la perspective de vivre perpétuellement dans une boutique d'imprimeur ; ce qu'ont fait la plupart de nos imprimeurs Havrais, avant la Révolution, car, en moyenne, ils sont restés pendant plus de 30 ans à la tête de leur établissement.

C'est seulement en 1669, suivant M. Ch. Vesque, en 1670, d'après M. Edouard Frère, que fut créé au Havre, par Jacques Gruchet, la première imprimerie. Ce ne fut pas sans obstacles, car la corporation des imprimeurs de Rouen s'opposa énergiquement à cet établissement, et ses gardes allèrent jusqu'à saisir le matériel qui avait été acheté à Rouen.

Notre étude a pour but de rappeler la biographie de nos imprimeurs Havrais et

de donner un aperçu des ouvrages publiés
depuis leur établissement dans cette ville,
jusqu'à la Révolution.

Jacques GRUCHET

Jacques Gruchet avait fait son apprentissage à Rouen, sans doute chez Laurent
Maury, un des plus célèbres imprimeurs
de cette ville au xvii⁰ siècle, qui lui céda
une partie de ses presses en lui donnant sa
fille en mariage. Gruchet avait trente ans
lorsqu'il vint s'établir au Havre ; son établissement prospéra, grâce à l'appui de
l'administration municipale et du gouverneur de la ville ; il prit le titre d'*imprimeur
libraire du duc de Saint-Aignan et de la
ville du Havre.*

La plupart des ouvrages imprimés au
Havre, concernent la marine, et le premier
livre sorti des presses de Jacques Gruchet,
est intitulé : *Principes de la navigation,
contenant l'usage du nombre d'or, des épac-
tes, des marées, de l'écartement de la lune
au soleil, du cicle solaire,* etc., etc. ; c'est

un volume petit in-12°, publié par G.
Blondel. — Saint-Aubin, hydrographe au
Havre; il porte sur le titre la date de
1675, mais a été achevé d'imprimer en 1676,
d'après une mention se trouvant à la fin
de l'ouvrage.

Dans le cours de cette même année, il a
été imprimé, au Havre, un *factum* rédigé
par François Leveziel et Jean Lambert,
prêtres et anciens choristes de cette ville,
contre messire de Clieu, curé du Havre;
ce libelle ne mentionne pas de nom d'imprimeur, mais est certainement sorti de
l'imprimerie Gruchet, qui était alors la
seule au Havre.

L'année suivante, Jacques Gruchet édita
un des rares ouvrages d'histoire locale qui
aient été imprimés au Havre; ce livre était
les : *Antiquitez d'Harfleur recherchées par
le sieur de la Motte, eschevin en la dite ville;*
volume in-8° carré, de 266 pages, presque
introuvable aujourd'hui (1) et contenant
l'histoire d'Harfleur depuis les temps les

_____

(1/ Un exemplaire de cet ouvrage a été vendu 107 fr.
à la vente de M. Ed. Frère, à Rouen, en 1876.

plus reculés jusqu'en 1676 ; ce livre a été réimprimé en 1799.

En 1680, J. Gruchet imprima un nouvel ouvrage de Blondel Saint-Aubin ; *la trigonométrie géométrique, astronomique et maritime, avec table des sinus tangeans et secans,* in-12°.

Georges Bossaye du Bocage fils, ingénieur hydrographe au Havre, et né dans cette ville, fit imprimer, en 1683, chez le même imprimeur, un volume in-12°, intitulé : *Cercle universel ou explication et usage d'une partie du cercle universel, de ses tables et échelles.*

Ce sont là les seuls *ouvrages maritimes* que l'on sache être sortis de l'imprimerie de Jacques Gruchet ; il imprima en outre, en 1687, plusieurs ouvrages de poésies, notamment le *Parallèle de Louis le Grand,* par Magnin; une traduction de ce Parallèle, par de Sainte-Croix Charpy ; un autre parallèle poétique ou recueil de sonnets et devises, par de Vertron. Ces poésies, qui étaient destinées à un concours littéraire proposé par le duc de Saint-Aignan, gouverneur du Havre, composent un petit volume in-18° ; mais une autre édition sur grand papier, avec deux gravures, a été tirée par le même imprimeur Jacques Gruchet. Enfin, il imprima, en 1687, un recueil in-4° (de Dumesnil), contenant « les *lettres en vers ou stances irrégulières*, à « Monseigneur le duc de Saint-Aignan, « avec un récit de la fête magnifique, faite « au Havre, le 30 janvier 1687, par M de « Montmor, intendant de la province, pour « la réjouissance du rétablissement de la « santé du roi. »

La mort vint aussitôt briser la carrière de notre premier imprimeur Havrais ; il mourut quelques jours après cette fête, c'est-à-dire le 17 février 1687, âgé seulement de 48 ans, et son inhumation eut lieu dans l'église de Notre-Dame du Havre.

Nous n'avons pu retrouver l'endroit précis où était installée cette imprimerie ; nous savons seulement que c'était sur la paroisse Notre-Dame ; probablement dans la rue de ce nom (rue de Paris), car en 1737, la veuve de Guillaume Gruchet vendit une maison située dans cette rue.

De son mariage avec Louise Maury,

Gruchet avait eu quatre enfants, dont deux garçons, l'aîné nommé Marin.(2) et le deuxième Guillaume, né le 23 janvier 1681, qui, plus tard, devint également imprimeur : ces enfants étaient trop jeunes pour succéder immédiatement à leur père ; nous croyons que l'établissement fondé par Jacques Gruchet fut alors réuni à celui de Jacques Hubault, dont nous allons parler.

---

(2) J.- Marin Gruchet, né au Havre, le 16 juin 1679, alla habiter Fécamp, sur la paroisse Sainte-Croix, et devint un des principaux commerçants de cette ville. En 1734, il figurait parmi les exempts de l'impôt de la taille, et les notables chargés de la répartition de l'impôt ; il était, en outre, *maire de Fécamp* et conserva ce poste élevé, pendant de longues années. Marin Gruchet, nous dit M. Fallue, dans son histoire de Fécamp, avait à force de caractère, de travail et de considération, été placé à la tête des affaires de la commune; il était respectueux avec le pouvoir, mais incapable de céder aux cajoleries de l'autorité. C'était un de ces hommes rappelant le moyen-âge, croyant à l'obligation de remplir les devoirs de sa charge et de soutenir les intérêts de ceux qui l'avaient élu ; les événements n'avaient pas tardé à mettre en évidence son patriotisme et son zèle pour le bien public : en 1749, lors du voyage au Havre du roi Louis XV, Gruchet était allé avec ses échevins, plaider la cause de la ville de Fécamp, écrasée de charges de guerre, et il réussit à obtenir une indemnité qui fut employée aux besoins de la commune, Gruchet eut un fils qui, en 1782, était assesseur près la municipalité de Fécamp.

Dans tous les cas, on ne connait aucun livre qui ait été publié chez la veuve de Jacques Gruchet, à l'exception, toutefois, d'un ouvrage de Clieu, curé du Havre, intitulé : *Retraite de dix jours, par un prêtre du séminaire Saint-Charles du Havre-de-Grâce.* Ce volume in-12°, de 378 pages, a été édité en 1687, chez la veuve de Jacques Gruchet, mais il a sans doute été tiré avant le décès de celui-ci.

L'impulsion ayant été donnée, de nouvelles imprimeries n'avaient pas tardé à se créer au Havre : l'une appartenait à Jacques Hubault, l'autre à Simon Terrier.

JACQUES HUBAULT

Nous ne possédons que peu de renseignements biographiques sur cet imprimeur qui s'établit au Havre vers 1683 ; cependant, le nombre des ouvrages publiés par lui est relativement considérable.

En 1683, J. Hubault commença à imprimer les ouvrages de Nicolas Lecordier, professeur d'hydrographie, à Dieppe et au

Havre. (1) Il imprima d'abord, de cet auteur, le *Journal de la Navigation ou manière d'appliquer toutes les règles du cercle, du quartier de proportion, avec leur usage solidement démontré* (sic) ; puis, *l'instruction des pilotes*, que son fils, l'abbé Lecordier, fit réimprimer en 1748 et en 1754, avec de nombreuses additions ; enfin, les *Prières de la Mer*, du même Lecordier père ;

En 1684. R. Bougard, lieutenant sur les vaisseaux du roi, au Havre, fait imprimer chez Jacques Hubault, la première édition du *Petit flambeau de la mer ou véritable guide du pilote-côtier*, ouvrage qui eût de nombreuses éditions et notamment trois, dans l'espace de 10 ans (1684-1694).

Jacques Hubault étant resté sans concurrent sérieux, par la mort de Jacques Gruchet, donna un nouvel essor à son imprimerie et devint marchand imprimeur du roi et de la ville, il publia, d'abord, en 1689, un *traité d'opération de chirurgie*, par C. Brière, du Havre, petit volume in-18° ;

_____

(1) Nicolas Lecordier père était né au Havre, en 1660, et y est mort en 1728.

en 1693, un nouvel ouvrage de Blondel Saint-Aubin, réimprimé en 1713 et en 1763, ainsi intitulé : *le véritable art de naviguer par le quartier de réduction*; petit in-4°, et *l'exercice général de la manœuvre des vaisseaux*, par de Tourville, volume in-12° de 74 pages. En 1694 et l'année suivante, Jacques Hubault édita quatre nouvelles publications, deux ouvrages du sieur d'Assier, hydrographe, au Havre, dont un descendant a publié, en 1867, une étude sur le Brésil ; ces deux ouvrages étaient le *pilote expert*, en deux parties, in-4° ; et le *Nouveau monde*, in-12° ; deux volumes de Blondel : les *Sinus communs et logarithimes*, in-12° ; et le *Trésor de navigation*, in-4° ;

Enfin, Jacques Hubault imprima en 1702, les *Nouveaux principes de navigation*, volume in 8°, ayant pour auteur Charles Hérubel, professeur d'hydrographie, né au Havre ; c'est le dernier ouvrage imprimé par J. Hubault, car il mourut quelque temps après. Sa veuve continua à exploiter encore pendant quelques temps, l'imprimerie fondée par son mari, et édita, notamment, en 1703, la *construction des*

vaisseaux du roi, suivi de *l'exercice du canon*, par Lecordier père, et elle réimprima
quelques autres ouvrages. On la voit figurer, en 1706, parmi les veuves affranchies
de la confrérie de Sainte-Adresse, puis son
nom disparaît.

Simon TERRIER

Simon Terrier était né au Havre vers
1660 ; il épousa, le 19 mars 1689, Marguerite Lemaire, de laquelle il eut plusieurs
enfants, et notamment Etienne-Simon Terrier, J.-B.-Joseph Terrier et J.-B.-Spiri-
dion Terrier.

L'imprimerie de Simon Terrier paraît
avoir été fondée au Havre, à peu près à la
même époque que celle de Jacques Hubault, c'est-à-dire vers 1682. Terrier a été
spécialement l'imprimeur des ouvrages
ecclésiastiques, à l'exception de celui dont
nous avons parlé, parus au Havre à la fin
du xviie et au commencement du xviii^e
siècle, et publiés par Messire de Clicu, savant théologien, curé de Notre-Dame, du
Havre ; ouvrages qui ont été analysés par,

M. l'abbé Lecomte, dans son histoire des églises du Havre ;

. Le premier ouvrage, imprimé en 1685, d'après M. l'abbé Lecomte, et en 1690, suivant M. Ed. Frère, est un *traité du culte pur de la bienheureuse vierge Marie* ; *de cultu puro virginis* ; il comprenait 4 volumes in-8°, écrits en latin et tirés, sans doute, à un très-petit nombre d'exemplaires, car aucun n'a pu être retrouvé ; ce n'est que par divers extraits, renfermés dans les autres ouvrages de Messire de Clieu, que l'on en a connaissance aujourd'hui.

Mais l'œuvre littéraire la plus importante et la plus remarquable de de Clieu, se compose du *système du nouvel univers de l'apocalypse* ; divisé en 3 parties, dédiées à la vierge Marie et comprenant 8 beaux volumes in-8°, écrits en latin et imprimés successivement.

Le premier a été imprimé en 1694, aux frais de l'auteur, par Simon Terrier, le deuxième a paru l'année suivante et contient des détails très-curieux sur l'histoire du Havre, notamment sur le bombardement de 1694. Le troisième et le quatrième volumes ont été imprimés en 1696 et contiennent encore quelques détails historiques sur la ville du Havre et beaucoup de documents liturgiques sur les cérémonies qui se faisaient dans l'église Notre-Dame. Le cinquième tome porte la date de 1697 et révèle la foi et la piété antiques des paroissiens Havrais. Le sixième a été édité en 1698, le septième en 1700, et le huitième et dernier volume a été imprimé en 1701 toujours chez Simon Terrier.

Enfin, on a du même auteur le *Cantique des cantiques*, imprimé en deux volumes in 4°, aussi en latin, sous le titre de *Canticum canticorum primum et antiquistisimum christiani orbis systhema, gratia apud Simonum Terrier typog. sumptibus auctoris.* Le seul exemplaire connu du *Canticum canticorum*, appartenait, il y a deux ans, à M. l'abbé Colas, de Rouen, bibliophile distingué.

Il ne paraît pas que Simon Terrier ait imprimé d'autres ouvrages que ceux de l'abbé de Clieu, quoiqu'il soit mort seulement le 9 avril 1742, à l'âge de 83 ans, et ait exercé jusque-là, la profession de *li-*

braire. Nous croyons qu'il eût pour successeurs , Jean Plainpel et J.-B. Mor-
choisne (associés), qui réimprimèrent, en
1748, un mémoire sur l'association des
capitaines de navires. érigée en l'église
Notre-Dame, du Havre, sous le nom de
confrérie du Saint-Sacrement.

Guillaume GRUCHET

Guillaume Gruchet, deuxième fils de
Jacques, ayant atteint l'âge exigé pour la
maîtrise d'imprimeur, succéda à la veuve
de Jacques Hubault ; le 22 janvier 1702,
il prenait la qualité de *libraire*, et épousait
Marie-Tirelet Dumoulin, originaire d'Honfleur, de laquelle il eut beaucoup d'enfants,
mais presque tous moururent en bas-âge,
et nous croyons qu'aucun descendant mâle
ne survécut pour perpétuer au Havre le
nom de Gruchet

Les ouvrages imprimés par Guillaume
Gruchet sont peu nombreux ; on ne connaît
que la quatrième édition du *Petit flambeau
de la Mer*, de Bougard ; il exerça la pro-

fession d'imprimeur pendant une vingtaine
d'années et mourut, dans un âge peu avancé,
le 9 juin 1722 ; mais sa veuve resta à la
tête de son important établissement pendant de longues années.

Si Guillaume Gruchet ne laissait pas
d'enfant pour perpétuer son nom, il laissait
un élève ou plutôt un collègue qui honora
l'imprimerie Havraise autant et peut être
même plus que les Gruchet ; ce nouveau
venu était Pierre Faure.

Pierre FAURE et la veuve de Guillaume GRUCHET

Pierre Faure, né en 1696, à Brest, sur la
paroisse des Sept-Saints, était venu au
Havre dès l'âge de 16 ans ; il se lia d'amitié
avec Guillaume Gruchet et fit son apprentissage chez lui ; il sut si bien profiter des
bonnes grâces de sa famille, qu'il épousa,
le 6 novembre 1724, Marie-Louise-Joseph
Gruchet, née le 7 novembre 1707, de laquelle il eut plusieurs enfants, et notamment Pierre - Joseph - Denis - Guillaume
Faure, dont nous parlerons plus loin.

Après la mort de son mari, la veuve de

Guillaume Gruchet continua la profession d'imprimeur-libraire, avec l'aide de Pierre Faure, son gendre ; ils s'associèrent pour l'édition de plusieurs livres, mais ils eurent deux établissement distincts ; c'est ainsi qu'en 1729 ils publièrent, sous le nom collectif de veuve Guillaume Gruchet et Pierre Faure, *une messe en latin et en français*, imprimée par ordre de M le curé du Havre, en un petit volume in-18°, de 156 pages ; ils réimprimèrent, en 1735, les statuts et règlements do la Miséricorde du Havre, petite brochure in-12°, de 28 pages ; en 1748, le *Journal de la navigation et l'instruction des Pilotes*, de Lecordier.

Ce qui nous porte à croire que la veuve Gruchet et P. Faure exploitaient deux librairies, c'est que le catalogue dressé par la veuve Gruchet est intitulé ainsi : *Catalogue des livres et cartes marines imprimés chez la veuve de Guillaume Gruchet, imprimeur et marchand libraire, au Havre-de-Grâce, et qui se trouvent dans sa boutique.*

De plus, la veuve de Guillaume Gruchet obtint, le 9 mai 1737, sur sa demande seule, la continuation du privilége du faire *imprimer ou réimprimer en bon papier et beaux caractères, pendant* neuf années, le *Petit flambeau de la Mer*, *l'instruction des Pilotes*, la *trigonométrie astronomique et marine*, etc.

Si maintenant nous consultons ce catalogue et pénétrons dans la boutique de la veuve Guillaume Gruchet, nous y verrons une foule d'ouvrages et de cartes marines qui sont aujourd'hui presques introuvables, et sont perdus à cause de l'usage journalier auquel ils étaient destinés.

Nous remarquons, d'abord, les ouvrages de Lecordier, dont nous avons déjà parlé, le Journal de la Navigation, l'instruction des Pilotes, et, en outre, la première édition d'un nouveau livre publié par cet hydrographe, intitulé : *Traité géométrique de la variation de la boussole, dans laquelle on donne les différents moyens de l'observer, avec une table des amplitudes* ; des cartes de la Manche et des cartes de France, de la baie du Canada, du banc de Terre-Neuve et de tous les ports où l'on faisait la pêche des moluës (sic), et divers autres travaux maritimes dus au savant abbé Lecordier.

Indépendamment du *Cercle universel* (réimpression de 1733), l'ingénieur hydrographe du Bocage, avait publié chez la veuve Gruchet, plusieurs cartes marines notamment ; une contenant le Pas-de-Calais, la France, le Portugal, les côtes de Barbarie, etc.; une autre spéciale pour la Manche, une carte particulière du banc de Terre-Neuve ; le cercle proportionnel, un quartier de proportion et la baie de Brest, fait par l'ordre du roi.

Nous retrouvons dans la librairie de la veuve Gruchet les ouvrages de Blondel Saint-Aubin, notamment *l'Art de naviguer*, le *Quartier de Réduction*, le *Trésor de la navigation*, les *Sinus communs et logarithmes ;* une réimpression du *Pilote expert*, par d'Assier, les *Nouveaux principes la navigation*, édités originairement chez Jacques Hubault, une carte nouvelle de la Manche Britannique, levée par Bougard, et la réimpression, faite en 1721, du *Petit flambeau de la Mer*.

La veuve de Guillaume Gruchet a encore imprimé et réimprimé une foule d'autres ouvrages maritimes, sans nom d'auteur, tels que les *Termes du langage dans la manœuvre des vaisseaux*, in-12, avec figure ; la *Sphère plate avec son usage*, le *Manuel des pilotes*, in-12, la *Construction des vaisseaux*, in-8°, avec figure, l'*Exercice des manœuvres*, in-12, l'*Abrégé du pilotage*, in-8° ; une *Table des marées* pour les ports de l'Europe, in-12, et l'*Exercice du canon*, ces deux derniers publiés par Labatut ; un *Traité complet de la navigation*, par Bouguer. Enfin, la veuve Gruchet a réimprimé les *Prières de la Mer* et la *Règle de vie*, en deux petits volumes in-24.

Cette longue nomenclature prouve en faveur de cette imprimerie Havraise qui aurait presque pu rivaliser d'importance avec nos grandes imprimeries havraises actuelles.

Pierre Faure avait sans doute beaucoup contribué au succès de la veuve Gruchet, sa belle mère ; il avait mérité l'estime de ses concitoyens, qui, en 1736, lui avaient confié les fonctions élevées de maître de la confrérie de Saint-Sébastien, érigée en l'église Notre-Dame du Havre, et, en 1741, lui avaient accordé la même faveur dans l'importante confrérie du Saint-Sacrement, érigée en la même église. Pierre Faure mourut au Havre, le 14 février 1751, âgé de 55 ans. Il avait eu de sa femme, née Gruchet, morte avant lui, plusieurs enfants dont deux fils, Pierre Joseph-Denis-Guillaume Faure, qui lui succéda dans l'imprimerie. Mme veuve Guillaume Gruchet cessa d'exercer la profession d'imprimeur à cette même époque, et mourut le 5 janvier 1762, à l'âge de 84 ans.

Pierre-Joseph-Denis-Guillaume FAURE

P.-J. Faure était né au Havre le 17 août 1726. Il se destina d'abord à la marine et parvint au grade d'officier, puis il entra dans la carrière d'imprimeur-libraire ; il succéda à son père et continua, en outre, l'exploitation de l'imprimerie de la veuve de Guillaume Gruchet ; cette dernière avait encore, à cette époque, deux enfants, Angèle Gruchet et une autre fille mariée à J.-B. Besongne fils, libraire à Rouen ; le 10 janvier 1753, ils rétrocédèrent à P.-J. Faure, le privilège d'imprimer les ou-

vrages d'hydrographie dont nous avons parlé et notamment ceux de Lecordier. (Ce
privilége avait été accordé, en 1747, à
Nicolas Besongne père, libraire à Rouen,
qui l'avait lui-même cédé à la veuve Guillaume Gruchet). Par suite, P.-J. Faure
se trouva seul successeur de son père et
de la veuve Guillaume Gruchet, son aïeule
maternelle.

L'imprimerie Faure, d'après M. Ch.
Vesque, était située dans le fond de la cour
d'une maison sise rue de la Gaffe, n° 4,
expropriée depuis pour l'agrandissement
de la Douane, puis elle fut transférée en
face, dans une habitation portant le n° 3.

Pierre-J. Faure fut non-seulement un
imprimeur renommé, mais encore un auteur; il a publié à Paris, en 1779, un
ouvrage in-12, intitulé : *Réflexion d'un
citoyen sur la marine*, et un autre, in-8°,
ayant pour titre : *Parallèle de la France et
de l'Angleterre relativement à leur marine.*
Dix ans plus tard, il publia une consulta-
tion sur une question importante relative
à l'article 1er du rapport du comité ecclésiastique, et c'est lui qui a fourni l'article

« Marine » à l'Encyclopédie par ordre alphabétique.

Il imprima, en 1753, le *Mémoire sur le port du Havre*, par du Bocage de Bléville, petit in-8°. En 1754, il réimprima *l'instruction des Pilotes*, de Lecordier, et la *Construction des vaisseaux du roi*; en 1760, une seconde édition de la *trigonométrie géométrique*, de Blondel Saint-Aubin, et en 1766, les *statuts et lettres patentes* des maréchaux, taillandiers et maîtres serruriers du Havre-de-Grâce.

Salomon Le Prevost, horloger de la ville du Havre, publia, en avril 1767, des *Remarques sur l'horlogerie et la manière de conduire les montres et pendules*, cette brochure, in-12, de 28 pages, paraît avoir été imprimée chez Faure.

C'est chez cet imprimeur que Jean-Baptiste de Gaulle, ingénieur de la marine et professeur d'hydrographie, à Honfleur et au Havre, fit éditer ses ouvrages sur la marine, et notamment, en 1768, *l'Essai sur les moyens de calculer la hauteur du soleil*, in-8°, et *l'Usage du nouveau calendrier perpétuel astronomique et maritime*, volume in-12. En 1777 et en 1779, de Gaulle fit imprimer chez Faure, une petite brochure, in-8°, de 13 pages, sur la construction et l'usage d'un nouveau compas de variation à réflexion, et une autre brochure de 65 pages, sur la construction d'un compas azimutal, et, en 1782, il fit encore éditer la *construction et l'usage d'un sillomètre* (observation du sillage des vaisseaux.)

M. l'abbé Trupel fit imprimer chez Faure, en 1786, une *lettre à M. *** sur le passage de S. M. Louis XVI, de Honfleur au Havre, et son séjour dans cette ville.* L'exemplaire que nous avons vu, contient, en outre, une *chanson des mariniers passant S. M.*, composée par M Laignel, à laquelle a été ajouté un couplet chanté par un des fils de l'auteur, arrivé du Cap, le 25 juin 1786, c'est-à-dire deux jours avant le voyage du roi.

Mme de Flamarens, abbesse de Montivilliers, choisit également P.-J. Faure pour l'impression, en 1786, du *Propre des fêtes célébrées dans l'Abbaye de Montivilliers,* volume in-4°, de 185 pages.

P.-J. Faure a en outre imprimé les ins-

criptions et distiques des cloches de Notre-
Dame, in-4°, de 3 pages, 1777 ; les *Recherches sur Harfleur*, par Letellier (1777) ; les
décrets de l'Assemblée nationale, 8 pages,
août 1789; la liste des contribuables patrio-
tiques du Havre, contenant 35 pages, grand
in-8°, et le mémoire de Jacques-Elie de
Lamblardie, sur les côtes de la Haute-
Normandie, considérées relativement au
galet qui remplit les ports situés dans cette
partie de la Haute-Normandie, 1789, in-4°,
de 61 pages, avec 2 cartes. On lui doit encore une nouvelle édition du *Petit flambeau
de la Mer*, en un volume in-4°, de 411 pages, accompagné de nombreuses planches
sur bois, et l'année suivante, le procès-ver-
bal de la Fédération de la garde nationale
du Havre avec le régiment de Béarn, brochure, in-12, de 24 pages ;

C'est aussi à P.-J.-D.-G. Faure que nous
devons la création du premier journal et
du premier annuaire ou almanach publiés
au Havre.

*L'almanach de la marine pour le Havre-
de-Grâce*, parut pour la première fois chez
P. D.-G. Faure, en 1753, en vertu d'une au-

torisation royale qui lui avait été accordée
l'année précédente. C'était, nous dit M.
Vesque, un volume d'un format presque
microscopique, contenant la liste des fonctionnaires, des négociants et des bâtiments
du port.

Le premier numéro du premier journal
havrais parut à la date du 3 janvier 1776, en
une feuille in-8°, sous ce titre : Havre-de-
Grâce — commerce maritime. Il était seulement hebdomadaire, et paraissait le mer-
credi. — Ce numéro contient le détail
du chargement des navires *Le Coureur*,
l'Amitié et le *Miromesnil* ; il mentionne 4
navires en relâche, 7 venant de partir,
autant ayant passé en rivière, quelques
nouvelles de mer, et c'est tout, car à cette
époque on ne s'occupait guère de politique
dans les journaux.

Ce journal portait la signature de P.-J.-
D.-G. Faure, libraire-imprimeur. Dans le
numéro 2, nous remarquons trois petits
rapports de capitaines et *une annonce*. Le
troisième numéro contient 12 annonces
pour demandes de fret. Le samedi 10 février, et de temps à autre, paraît un sup-

plément de 2 pages, mais il arrivait quelquefois que le journal ne paraissait que sur une demi-feuille ou bien avec une page en blanc, et le format in-8°, a été conservé jusqu'en 1820.

Le *Journal du Havre* a succédé à la petite feuille hebdomadaire fondée par P.-J. Faure, on peut maintenant juger de la différence et du progrès réalisé depuis un siècle.

Par suite de l'importance de son établissement d'imprimeur-libraire, P.-Joseph Faure avait acquis une juste notoriété, et il prit la qualité *d'imprimeur du roi et de la marine*. En 1784, il fut élevé à la dignité de maire-échevin de la ville du Havre, puis à celle d'administrateur de l'hôpital de cette ville.

En 1789, il cumulait sa profession avec les fonctions d'*avocat au Parlement* ; il avait épousé Charlotte Plainpel, appartenant à une des familles les plus honorables de la ville. De ce mariage étaient issus plusieurs enfants dont deux garçons. Stanislas Faure, né au Havre, le 12 mars 1765, qui succéda à son père, en 1790, et Louis-

Joseph Faure, né dans la même ville, le 5 mars 1760, et mort en 1837, conseiller à la Cour de cassation.

Après avoir abandonné la profession d'imprimeur, Pierre-J. Faure, qui était avocat au Parlement, entra dans la vie publique; le 20 novembre 1789, il avait déjà fait preuve de son patriotisme en faisant, un des premiers, sa déclaration sur la liste patriotique des contribuables pour une somme de 2,400 livres; il fut nommé juge au tribunal du district de Montivilliers, puis au Havre, en 1791, et ensuite, c'est à dire le 5 septembre 1792, élu député à la Convention. Ses opinions étaient très-modérées, et il s'efforça d'empêcher le jugement de Louis XVI ; arrêté à la suite du 31 mai, il rentra à la Convention après le 9 thermidor. A la fin de la session, il revint au Havre reprendre ses fonctions de juge. Louis XVIII l'anoblit sous la Restauration en lui accordant la distinction d'écuyer ; enfin, il devint conseiller municipal de la ville du Havre et membre du collége électoral ; il est mort le 7 octobre 1818, à l'âge de 92 ans, au Havre, rue de Paris.

Nous arrêtons ici cette liste de nos imprimeurs Havrais. Nous sommes arrivés à une époque de bouleversement général, mais qui, par exception, ne nuisit pas au développement de l'imprimerie, par suite de la diffusion des publications politiques. Est-ce un bien ? Est-ce un mal ? Nous n'avons pas à résoudre ici cette grave question. Mais notre étude serait incomplète si, après avoir rappelé les noms de nos imprimeurs et leur œuvre, nous ne jetions encore un regard sur l'organisation de l'imprimerie et de la librairie avant la Révolution. En consultant les statuts et règlements de cette utile industrie, nous y trouverons certains enseignements qu'il ne serait peut-être pas inutile de mettre aujourd'hui à profit, sans vouloir aucunement contester les merveilleux perfectionnements qui y ont été apportés depuis un siècle.

Aux imprimeurs et aux libraires était exclusivement réservée la vente des livres ; ils devaient tenir eux-mêmes l'établissement et placer au-dessus de leur porte *un écriteau portant qu'il tenaient imprimerie.* Il était enjoint aux libraires de tenir leurs boutiques fermées les dimanches et jours de fête, sous peine d'amendes ; le colportage leur était interdit, parce que l'on avait remarqué que ce mode de vente favorisait la propagation de certains livres non autorisés ; il n'y avait d'exception que pour la vente des *abcédaires*, *almanachs* et petits livres d'office.

Les livres devaient être imprimés avec les nom et adresse du libraire ou imprimeur, sur beau papier et en beaux caractères, ainsi que nous l'avons vu d'ailleurs par l'octroi du privilége de la veuve de Guillaume Gruchet.

La vente des ouvrages par souscription est très-ancienne, car déjà, en 1725, il avait été ordonné que pour remédier aux abus qui s'étaient glissés, les prospectus seraient accompagnés d'une feuille d'impression de l'ouvrage proposé.

La sollicitude de la corporation s'étendait, en outre, sur les progrès des maîtres et ouvriers ; aussi, aucun aspirant à la maîtrise n'était admis à faire son apprentissage *s'il n'était congru en langue latine et s'il ne savait lire le grec.* La durée de l'apprentissage était de quatre ans et ne pouvait être abrégée, sous peine de 1,000 livres d'amende contre le maître; celui-ci ne pouvait avoir plus d'un apprenti à la fois; après son apprentissage, l'apprenti travaillait encore chez son maître en qualité de *compagnon* pendant trois années, la maîtrise ne lui était accordée qu'après ce double stage, et un examen qu'il devait subir, qu'il fut fils de maître ou non.

La Révolution abolit toutes ces sages précautions, et notamment par la loi du 17 mars 1791, elle supprima les brevets et lettres de maîtrise. Les conséquences qui résultèrent de cette mesure imprudente, firent reconnaître la nécessité de revenir vers le passé, et par le décret du 5 février 1810, le brevet fut rétabli ; il a continué à exister jusqu'en 1870, époque où un décret du 10 septembre déclara libres les professions d'imprimeur et de libraire.

QUATRIÈME GLANE

LES MILICES GARDES-COTES

DANS

L'ARRONDISSEMENT DU HAVRE

4.

QUATRIÈME GLANE

Les milices gardes-côtes, dans l'arrondissement du Havre

Il faudrait remonter bien loin vers le passé, si l'on voulait retrouver l'origine des différentes milices qui ont été instituées pour la défense de notre territoire français. Dès le xiiie siècle, on voit des milices bourgeoises organisées dans certaines villes, et des règlements sont déjà dressés pour en assurer le fonctionnement ; c'est ainsi que, notamment en 1250, une ordonnance réglait, les cas d'exemption dont pouvaient se prévaloir les habitants de la ville de Paris, exemptions qui rappellent quelque peu la législation de notre ancienne garde nationale.

« Sont quittes du guet, lisons-nous dans
« cette ordonnance ; ceux qui ont passé 60
« ans ; tous boiteux et estropiés ; tous ceux
« qui sont hors de ville ; ceux à qui leurs
« femmes sont en mal d'enfant ; tous hom-

« mes lunages (lunatiques) tous hostieux
« (?) de femmes veuves ; enfin, les jurés
« et maîtres de tous les métiers de la
« ville. »

Mais ce n'est pas de cette milice bour-
geoise dont nous allons nous occuper aujour-
d'hui ; nous parlerons seulement de celle
instituée pour la défense du littoral de la
mer, notamment dans la Haute-Normandie ; c'est-à-dire de la milice spécialement
chargée de prémunir les populations agri-
coles contre les audacieuses entreprises de
nos voisins d'outre-Manche, et des autres
puissances maritimes, telles que les Hollandais, car, de tous temps, la nécessité de
mettre la Normandie à l'abri d'une attaque
des marines anglaise et hollandaise, a fait
considérer comme d'une extrême importance la défense des côtes de cette province,
spécialement de celles avoisinant le Havre,
objet de leur convoitise.

Cette milice était recrutée parmi la population rurale habitant le littoral, dans un
rayon de deux lieues ou environ ; elle était
connue sous le nom de *bataillon* ou *capitainerie garde-côte.*

Différentes ordonnances royales ont été rendues au xviiiᵉ siècle, tant pour fixer le nombre des paroisses sujettes à la garde-côte, et celui des hommes qu'elles devaient fournir, que pour déterminer la nature de ce service et les obligations auxquelles étaient soumis ces soldats-paysans. Mais autant cette milice était utile pour la défense et la tranquillité des habitants, vivant loin des villes, autant elle exigeait de ménagements.

En effet, un garde-côte ne pouvait, le plus souvent, réunir les qualités de soldat et d'agriculteur ; tout ce qui tendait à lui inspirer qu'il était homme de guerre dût être rejeté, parce que dès le moment où il se serait cru disciple de *Mars*, il aurait abandonné *Cérès*. Perdre de vue ce principe, c'eût été s'exposer à faire périr de misère un nombre considérable d'habitants et les mettre dans l'impossibilité de supporter les charges et impositions qu'ils devaient à l'Etat ; aussi, nous verrons plus loin que toutes les tentatives pour mobiliser la milice garde-côte ne purent réussir.

Les habitants des paroisses maritimes

n'ont été désignés sous le nom de milice garde-côte, que depuis le commencement du xviiie siècle. Avant cette époque, ils étaient connus sous le nom de paroissiens *sujets au guet de la mer* et étaient déjà dispensés du tirage à la milice de terre.

L'ordonnance sur la marine, rendue au mois d'août 1681, par notre grand roi Louis XIV, contient diverses dispositions relatives à l'organisation de cette milice qui était déjà divisée par compagnies ou capitaineries.

Les capitaines gardes-côtes et leurs lieutenants dépendaient de l'amirauté, et chaque capitainerie était composée d'un certain nombre d'hommes sujets au *guet de la mer*. Le premier mai de chaque année, les capitaines, accompagnés des officiers de l'amirauté, passaient la revue des compagnies, convoquées par un *clerc de guet* dont était pourvu chaque compagnie, et qui faisait l'office de *fourrier*.

En échange de leurs services, les capitaines et officiers étaient exempts du ban et de l'arrière-ban. Les habitants des paroisses maritimes, à l'exception toutefois de ceux des paroisses qui devaient le guet dans les villes, châteaux et places du littoral, étaient obligés de monter la garde à tour de rôle, sur avertissement remis par le *clerc de guet*, sous peine d'une amende de 30 sols, applicable aux frais d'entretien des corps de garde.

En cas d'alarme, les signaux étaient faits, dans le jour, à l'aide de la fumée, et dans la nuit, par le feu ; nous étions loin, comme on le voit, des communications par le téléphone !

Les habitants sujets au guet étaient obligés, sous peine de 100 sols d'amende, d'avoir chez eux un mousquet ou fusil, une épée, une demi-livre de poudre et deux livres de balles. Les temps sont bien changés, aujourd'hui qu'il est interdit de posséder chez soi des armes de guerre.

Cette organisation dura jusqu'à la fin du xviie siècle. En 1701, les armements des anglais et des hollandais déterminèrent le gouvernement à essayer de tirer de ces habitants un meilleur parti que celui obtenu jusqu'alors par le guet de la mer ; il leur donna le nom de milice garde-côte, et

décida qu'il en serait tiré des détachements,
qui auraient été employés suivant les circonstances, notamment en cas de débarquement à la défense active de la côte. Des
dispositions furent prises pour établir des
gardés d'avis dans quelques points élevés,
afin de découvrir et transmettre prompte-
ment au commandant de la province, l'ap-
parition des flottes ennemies, lequel, par ce
moyen, faisait parvenir sur les points me-
nacés, des troupes régulières qui, jointes
aux détachements de gardes-côtes, pourraient tenir tête à l'ennemi, en cas de débarquement.

Les corps de garde qui, jusque-là, avaient
été laissés en très-mauvais état, furent ré-
parés, en 1701, aux frais des paroisses où ils
étaient situés ; les amendes imposées aux
réfractaires, continuèrent d'être affectées à
l'entretien de ces postes, et l'on commença
à punir, par la prison, les hommes sujets
à la milice de la côte qui ne remplissaient
pas leurs devoirs.

Cette nouvelle organisation était à peine
terminée que les Anglais et les Hollandais
firent plusieurs simulacres de débarque-

ment en Normandie, ce qui procura aux nouveaux miliciens l'occasion d'exercer leur dévouement. Ils restèrent sous les armes pendant plusieurs mois de l'année 1702, et une partie seulement fût autorisée à aller faire la récolte au mois d'août, avec ordre d'être prête à revenir au premier signal d'alarme.

Le règlement de 1701 fût complété en 1704 et en 1705, par la constitution des capitaineries générales.

Le roi, voulant perfectionner ce service, ordonna de composer à l'avenir chaque capitainerie générale d'environ 1,000 hommes, pris parmi ceux qui avaient déjà été choisis pour former les compagnies détachées. Ces capitaineries furent commandées par un capitaine général et un lieutenant-général, ayant droit de préséance sur les colonels ; il y avait en outre, dans ces capitaineries, un major, deux aides-major. Les capitaines étaient chargés des compagnies, franches de 100 hommes, et résidaient parmi eux. Tous ces officiers, étaient, autant que possible, pris parmi les anciens officiers de l'armée régulière. Enfin, il fut créé des commissaires des paroisses, chargés de la tenue des registres-matricules et de faire une revue mensuelle dans chaque capitainerie ; ces commissaires étaient, en outre, chargés de la levée des marins.

Cependant, il faut bien le dire, ces fonctions distinctives, au lieu d'être accordées au mérite, étaient octroyées à prix d'argent, car, à cette époque, la nécessité, cette triste conseillère, obligeait le gouvernement à tirer parti de tout.

Une charge de capitaine-général valait au minimum *vingt mille écus*, celle de lieutenant général était d'un prix un peu moins élevé, mais se payait encore *huit mille écus* ; enfin, les majorités valaient quatre mille écus ; et encore, ces prix semblaient très-médiocres « eu égard, disait-on, aux privi-« léges, gages et récompenses qui y sont « attachés. »

Les milices gardes-côtes dépendant du ministère de la marine, le prix des charges était affecté aux dépenses de ce service.

Comme compensation de la valeur de leurs charges, les capitaines-généraux et lieutenants généraux, touchaient des appointements calculés au denier 15 et ceux des majors étaient calculés au denier 12. Ces gages leur furent accordés jusqu'en 1760, époque où ils furent supprimés entièrement.

Parmi les officiers généraux de cette milice, appartenant à nos vieilles familles havraises, nous citerons messires François Le Neuf, sieur de Valcongrin-Moutenay, seigneur de Tourneville et autres lieux, major général dans la capitainerie du Havre, résidant à Sanvic, et Adam de Martonne, écuyer, sieur de Virville, major général dans la capitainerie d'Yport-Fécamp.

La milice garde-côte fut constituée sur des bases encore plus complètes, par l'édit du 28 janvier 1716 qui fût le premier règlement stable, et fit la base de toutes les ordonnances rendues depuis ; il n'y eut de dérogation que pour les différentes circonscriptions militaires. Par cet édit, le gouvernement du Havre, qui comprenait l'arrondissement du Havre actuel et une partie de l'arrondissement d'Yvetot, fut divisé en 5 capitaineries, et de nouveaux corps-de-

garde construits le long de la côte. Jusque-là, les paroisses maritimes sujettes à la
garde-côte, n'étaient désignées que par celles dont le clocher ne se trouvait pas éloigné
de plus de deux lieues du bord de la mer ;
le règlement de 1716 détermina nominati-
vement leur nombre, étendit un peu cette
limite et désigna les paroisses exemptes du
tirage de la milice de terre.

On reconnut plus tard que les changements apportés à la milice garde-côte, en
1716, avaient le défaut d'absorber l'élément civil au profit de l'élément militaire et de faire un tort immense à l'agriculture, à tel point qu'en 1744, le roi ému
des plaintes incessantes de ses sujets, voulut y porter remède ; mais ses efforts demeu-
rèrent vains.

Des tentatives furent faites afin d'obtenir de cette milice les mêmes services que
rendait l'armée régulière ; ces essais ne
purent réussir. On essaya notamment de
l'assimiler à l'infanterie, d'employer plusieurs milliers d'hommes, tirés par détachements de la milice garde-côte, au ser-

vice des places fortes, et de rendre disponible, par ce moyen, un nombre égal de soldats. Chaque détachement restait caserné pendant quinze jours et recevait pendant ce temps la solde militaire. On voulut aussi faire camper et cantonner la milice garde-côte ; mais il ne résulta de ces innovations que des dépenses considérables faites en pure perte.

C'était, en effet, oublier le service naturel de cette troupe, dont les obligations ne pouvaient consister que dans une surveillance et une défense toutes locales, c'est-à-dire le service des batteries établies à proximité du domicile des miliciens, la protection de leurs habitations contre les corsaires ou les malfaiteurs, et la préservation du pillage des navires jetés à la côte : vouloir demander autre chose à ces hommes, c'était s'exposer à les faire déserter, introduire la misère dans leurs familles et favoriser l'émigration dans les paroisses maritimes sujettes à ce service.

On ne peut se flatter, dit le duc d'Aiguillon dans ses instructions au ma-

réchal de Richelieu (1), que cette milice
puisse jamais s'opposer à de grandes entreprises. Un paysan ne devient soldat que
lorsqu'il abandonne toute autre profession
et qu'il est exercé perpétuellement à la manœuvre militaire. Il n'est pas à désirer,
ajoute-t-il, que, pour le bien de l'Etat, un
garde-côte se croie absolument soldat, parce
que, alors, il abandonnerait ses terres. S'il
sert le canon avec plaisir, c'est que ce
service ne l'éloigne ni de son bien, ni de
sa famille, qu'il est intéressé plus que tout
autre à ce qu'il soit fait dans son pays,
dans sa paroisse, une surveillance efficace,
afin de prévenir un débarquement ; mais il
fuirait honteusement, jetterait ses armes,
si on l'éloignait trop de sa paroisse et si on
voulait le faire guerroyer en rase campagne ; il déserterait même sans que la punition puisse l'arrêter.

M. le duc d'Aiguillon concluait qu'il ne
fallait pas asservir les habitants de la côte
aux rigueurs d'un service forcé et éloigné
de leur paroisse, qu'il fallait, au contraire,

_____

(1) 16 mars 1774.

leur faire aimer le clocher paroissial, atté-
nuer le service auquel ils étaient assu-
jettis, d'autant plus qu'il était gratuit, et
revenir à l'ancienne constitution de ces
milices d'après laquelle elles devaient seulement, hors le cas de descente, faire le
guet sur la côte et, en cas de débarquement,
aider les canonniers de la marine au service des batteries.

Le gouvernement du Havre comprenait
encore, en 1749, d'après M. A. G. Lemale,
cinq capitaineries gardes-côtes : celles de la
Seine, du Havre, d'Octeville, d'Yport et
d'Etretat, formant un effectif de 2,210
hommes, dont 750 dragons et 1,460 fantas-
sins ; cette division subsista à peu près
dans les mêmes conditions jusqu'en 1779 ;
nous indiquerons plus loin les paroisses
faisant partie de ces capitaineries. Une
partie de ces gardes-côtes figurait parmi
les troupes qui escortaient le roi lors de son
voyage au Havre.

L'indiscipline et les abus s'étant glissés
dans les milices gardes-côtes, le roi fit
dresser, en 1755, un nouveau règlement les
concernant ; ce règlement prescrivait que

tous les habitants en âge de porter les armes fissent le service dans l'étendue de la province suivant les circonstances, et il introduisit de nombreuses modifications dans la législation alors existante. Puis, la Normandie fut divisée en 3 départements : Haute-Normandie, moyenne Normandie et Basse-Normandie, et l'on créa à Fécamp, pour la Haute-Normandie, une compagnie volante sous les ordres de M. de Martené.

Le roi prescrivit que l'on instruisit spécialement des tambours pour les milices garde-côtes, et il leur accorda une solde régulière ; il exempta les fermiers de l'hôpital-général de Rouen du service de la garde-côte et décréta que les dépenses occasionnées par les miliciens seraient à la charge de l'Etat, ce qui eût lieu jusqu'en 1779. Les gardes-côtes étaient habillés uniformément aux frais de l'Etat ; cet habillement était peu élégant et se composait de serge ou de grosse toile avec des parements de différentes couleurs. L'État se chargeait en outre de la solde des compagnies détachées en service extraordinaire.

Enfin, les officiers d'état-major avaient droit, outre leur solde permanente, à certaines exemptions ; notamment, celles de la tutelle, des charges de villes, du ban et de l'arrière-ban. Cette organisation commencée par le comte d'Harcourt, en 1758, ne fut terminée qu'en 1760.

M. le duc d'Harcourt, gouverneur de Normandie, proposa, en 1755, un singulier projet, qui aurait pu occasionner de fâcheux accidents, celui de convertir les églises en poudrières ; il voulait, en effet, déposer dans les combles de chaque église paroissiale les munitions prises au magasin du Havre et affectées au service des paroisses. Nous ne croyons pas que cette idée ait rencontré beaucoup d'écho ; il ne fût pas d'ailleurs donné suite à ce projet imprudent, non-plus qu'à la proposition faite par le même fonctionnaire d'élever des retranchements ou redoutes dans chaque paroisse côtière. Le commandant de la province fut chargé de la répartition des armes et munitions en temps de guerre, et de les réintégrer dans des arsenaux en temps de paix ; ce n'était plus comme en

6.

1681, époque où les gardes-côtes conservaient leurs armes et leurs munitions.

Une ordonnance du 15 mai 1758 assimila à l'infanterie la milice garde-côte, servant par compagnies détachées ; mais cette décision n'eut d'autre résultat que d'exciter une foule de rivalités entre les officiers de l'armée régulière et ceux de la milice, les premiers prétendant, non sans raison, que les officiers des compagnies détachées n'avaient ni l'expérience, ni une idée assez nette de la discipline pour être appelés à servir conjointement avec eux.

En 1759, le bombardement du Havre par les Anglais, procura aux milices gardes-côtes du pays de Caux, l'occasion d'exercer leur dévouement et leur patriotisme, dont certains avaient déjà fait preuve en temps de paix, témoin M. Toustain de Richebourg, major dans la capitainerie du Havre, qui, au mois d'octobre 1758, avait été proposé pour la croix de St-Louis en récompense de son zèle pour l'instruction de la capitainerie, et les rapports des inspecteurs qui avaient reconnu les capitaineries du pays de Caux, les mieux tenues de toutes celles de la Normandie, alors que celles de Basse-Normandie, étaient négligées, mal tenues, mal disciplinées et très-mal exercées, (Lettre de M. de Martené au duc d'Harcourt, 14 novembre 1757).

Quelque temps avant la guerre de sept ans, des mesures avaient été prises afin de mettre le littoral de la Haute-Normandie en état de défense, et le duc d'Harcourt, gouverneur de Normandie avait été chargé, conjointement avec le comte de Raymond, d'inspecter les côtes du gouvernement du Havre.

Après la déclaration de guerre, c'est-à-dire en juillet 1756, le duc d'Harcourt revint au Havre, avec le maréchal de Belle-Ile, commandant des forces de l'Océan ; le marquis de Paulmy, secrétaire d'Etat, et le marquis Duquesne, chef d'escadre, qui arriva le 21 juillet, afin d'inspecter de nouveau les côtes et de passer la revue des capitaineries.

A la suite de ces visites, on reconnut sans peine l'insuffisance de la milice garde-côte, pour la défense du pays de Caux, eu égard aux intentions belliqueuses des An-

glais, et à leur convoitise sur le port du
Havre ; de nombreuses troupes furent alors
dirigées sur le Havre, Dieppe et dans les environs, et deux camps établis l'un à Graville,
dans la plaine de Frileuse, l'autre au hameau
des Vertus, commune d'Offranville, près
Dieppe. Le camp de Graville comportait
près de 20,000 hommes, mais il ne subsista
que pendant un mois. Celui des *Vertus*
exista de 1756 à 1762 et reçut successivement, dit M. l'abbé Cochet, dix régiments
ou parties de régiments, notamment ceux
de la Reine, de Bretagne, de Saintonge,
de Thiange, de Beauvoisis, de Beauffremont, de Salis-Grisons, de Royal-Comtois,
de Normandie et de Royal-Lorraine.

Des détachements de ces régiments allèrent alternativement tenir garnison à Fécamp, de 1757 à 1760. Déjà en 1754, indépendamment de la compagnie volante de
gardes-côtes, logée dans cette ville, il y
avait la compagnie de M. de Chavannes,
faisant partie du régiment de dragons de la
Reine, qui, en 1756, alla camper aux
Vertus.

Aux mois de juin et juillet 1757, nous

trouvons en garnison à Fécamp, 3 compagnies du régiment de Rohan, commandées par MM. Dumanoir, Duchelard et, Desgrois ; le régiment de dragons de Beauffremont, composé de 4 escadrons, soit 640 hommes, et commandé par le colonel de Beauffremont, avait, en outre, son quartier d'hiver à Fécamp.

Au commencement de l'année 1758, le régiment de Blois, avait détaché à Fécamp cinq de ses compagnies, celles de Barville, de Saint-Loup, de Montliard, de Heuttan et d'Aubichon ; ces cinq compagnies furent remplacées, au mois de juin, par cinq compagnies du bataillon de Saint-Maixent, faisant partie du régiment du Poitou ; ce bataillon alla ensuite au Havre, où il prit part au siége de cette ville, en 1759 .Au mois de juillet 1758, il y avait encore à Fécamp, plusieurs compagnies du régiment d'Angoulême, qui y restèrent jusqu'à la fin de l'année. En 1759, arrivée de nouvelles troupes à Fécamp ; au mois de juin, le bataillon du Mans y envoyait plusieurs compagnies ; de juillet à septembre, le régiment de Bretagne, campé près de Dieppe envoyait aussi à Fécamp quelques compagnies, qui furent remplacées pendant le dernier trimestre, par une compagnie du régiment de Royal-Lorraine et une du régiment de Sarreguemines. Enfin, en février 1760, le régiment de Flamarens avait à Fécamp, un détachement de ses troupes. Un si grand nombre de soldats à la charge des habitants de cette ville, pesa lourdement sur eux, et l'on peut voir dans l'*Histoire de Fécamp*, par M. Fallue, leurs nombreuses réclamations et leurs plaintes à ce sujet.

Les Anglais avaient apparu le long de nos côtes, à la fin de mai 1759, et le 31 de ce mois, afin de mettre la ville du Havre en état de défense, on avait fait commander un grand nombre de paysans, pour les faire travailler aux fortifications.

Après avoir laissé quelques jours de répit aux habitants du Havre et des environs, les Anglais reparurent le 26 juin, au milieu de la nuit; les habitants des campagnes furent avertis au son du tocsin, et vers le matin, 3,600 habitants faisant partie de la milice de terre, et 400 chevaux de

trait arrivèrent et campèrent sur la chaussée. Quant aux soldats gardes-côtes, ils
étaient au nombre de 800 à leur poste, sur
la falaise du Chef-de-Caux, où deux batteries de 6 pièces de 18 avaient été installées.
Seize cents des paysans furent immédiatement armés de fusils et le surplus employé
aux travaux de défense.

Les troupes régulières, campées aux environs du Havre, se composaient des bataillons de Soucy, de Saint-Maixent, de Blois
et de Bouillon ; de trois compagnies de
dragons de Thiange et d'une compagnie
franche de la marine. Les milices comprenaient les capitaineries du Havre et de la
Seine, deux compagnies de dragons garde-
côtes, et 200 bourgeois du Havre. Enfin,
l'artillerie se composait de 130 pièces de
tous calibres.

On tira des milices gardes-côtes tous les
détachements nécessaires aux divers services de l'artillerie ; le surplus fut disposé
par piquets de cinquante hommes comman-
dés par un capitaine et un lieutenant, sous
les ordres du colonel du corps royal de
l'artillerie, commandant la droite du Havre.

On sait que, malgré leurs efforts et la pluie de fer et de feu qu'ils lancèrent sur la ville du Havre, les Anglais ne purent y pénétrer, et qu'ils se retirèrent sans autre gloire que celle d'avoir causé dans cette ville des pertes matérielles énormes, par suite d'un bombardement désastreux.

En 1759, le roi créa deux charges d'inspecteurs généraux, qui devaient passer la revue de toutes les milices gardes-côtes ; en 1760, il créa une nouvelle charge d'inspecteur, mais ces institutions n'ayant pas paru indispensables, furent supprimées l'année suivante.

Par l'ordonnance du 6 septembre 1759, les miliciens gardes-côtes qui abandonnaient leur poste étaient considérés comme déserteurs et punis des galères perpétuelles.

Cette nouvelle disposition était excessivement rigoureuse, aussi les officiers hésitaient-ils à l'appliquer ; on ne pouvait avec justice assimiler aux déserteurs ceux qui quittaient le pays pour se retirer dans l'intérieur où ils étaient soumis au service de la milice de terre ; d'un autre côté, si quelques-uns manquaient au rassemblement, c'était le plus souvent faute de ressources et on ne pouvait, en toute justice, rendre de tels gens coupables de désertion. Une punition de quelques jours de prison, était une répression assez sévère pour ces malheureux.

Les divers changements apportés à l'organisation de la milice garde-côte n'avaient pu réussir à concilier les intérêts de l'Etat avec ceux de l'Agriculture ; de nombreuses plaintes s'élevaient, en outre, contre la multiplicité des postes de la côte, ce qui occasionnait des pertes de temps très-onéreuses aux paysans. Le roi, voulant détruire les abus qui lui étaient signalés, ordonna, en avril 1762, au prince de Croy, de faire une visite de la côte de Normandie, depuis la Seine jusqu'à la Bresle, afin de vérifier le nombre d'hommes strictement nécessaire pour la défense, l'emplacement des batteries et l'état du matériel de guerre, avec ordre de réduire toutes les dépenses inutiles et de proportionner la force des compagnies à la nature des lieux susceptibles d'une descente.

Le duc d'Harcourt adressa de son côté,

aux capitaines généraux des gardes-côtes
de Normandie, le 24 avril de la même
année, une circulaire dans laquelle il leur
annonçait que le roi supprimait les dépenses du service de la garde-côte, autres que
l'entretien des batteries , qu'il réformait
les trois inspecteurs des milices nommés
en 1759 et en 1760, et supprimait les appointements des officiers-majors, ainsi que
les gratifications jusqu'alors accordées aux
sergents-majors et tambours ; le duc
d'Harcourt ajoutait qu'il était persuadé
que cette mesure ne nuirait pas au service,
et qu'à l'exemple des capitaines des compagnies détachées, les officiers d'état-major continueraient à remplir avec zèle
leurs fonctions, comme si elles étaient encore retribuées, afin de mériter les bonnes
grâces de Sa Majesté. Nous ne pensons
pas que ces officiers aient accepté de
gaieté de cœur cette suppression, alors surtout qu'ils avaient acheté leur charge à
très-bon prix, et se voyaient ainsi privés
d'une indemnité qui leur était due plutôt
comme arrérages de capital qu'en rémunération de leurs services personnels.

Voici quelle était, en 1762, la composition des capitaineries de garde-côtes dans l'étendue du gouvernement du Havre ; toutes ces capitaineries étaient soumises à l'inspection générale de M. d'Avremesnil, qui avait succédé au comte de Beaujeu.

COMPAGNIE DE SAINT-PIERRE-EN-PORT.

Lieu de rassemblement : Angerville.

Compagnie de canonniers : Saint-Pierre-en-Port, Sassetot, Eletot, Ecrettteville.

Compagnies de fusiliers : Theuville, Ancretteville, Criquetot, Angerville.

Gerponville, Bertreville, Ourville, Riville, Saint-Ouen-au-Bosc.

Thiergeville, Therouldeville, Valmont, Thiétreville, Limpiville, Boudeville, Sainte-Thérèse, Colleville, Vatcriq, Romesnil, Bec-aux-Cauchois, Toussaint, Senneville.

COMPAGNIE DE FÉCAMP.

Lieu de rassemblement : Epreville.

Compagnie de canonniers : Criquebeuf, Saint-Léonard, Val d'Yport, Vattetot-sur-Mer ;

Compagnies de fusiliers : Mémoulius, Ganzeville , Contremoulins , Tourville , Igneauville, Baigneville, Bec-de-Mortagne, Mentheville, Daubeuf, Serville.

Annouville, Bénouville, Bretteville, Auberville , Crétot, Imauville, Goderville , Ecrainville, Sausseuzemare.

.Maniquerville, hameau de Saint-Léonard, Les Hogues, Haute-Folie (Loges). Maupertuit, Froberville, Epreville, Gerville, Fongueusemare.

CAPITAINERIE D'ÉTRETAT.

Lieu de rassemblement : Sainte-Marie au-Bosc.

Compagnie de canonniers : Etretat, Benouville, Saint-Clair, Tilleul, la Poterie, Sainte-Marie.

Compagnies de fusiliers : Les Loges et Bordeaux.

Criquetot, Cuverville, Pierrefiques, Villainville.

Saint-Jouin, Bruneval , Beaurepaire, hameau des Quatre-Fermes à Cuverville, Heuqueville, Ecultot ;

Anglesqueville, Gonneville, Tennemare, Vergetot, Hermeville, Coudray, Houquetot, Turretot.

Lieu de rassemblement : Octeville.

Compagnie de canonniers : Bléville , Sainte-Adresse et Ingouville.

Compagnie des fusiliers : Mannevillette, Cauville, Buglise, Raimbertot.

Saint-Martin-du-Bec, Hermeville, Notre-Dame-du-Bec, Saint-Supplix.

Octeville en partie, Saint-Barthélemy, Rolleville.

Saint-Germain, partie d'Octeville, Fontenay, Fontaine, Grande et Petite Heure.

Graville, Sauvic, Rouelles, Porte de l'Heure ;

CAPITAINERIE DE SEINE.

Lieu de rassemblement : Saint-Aubin.

Compagnie de canonniers : Gournay, Gonfreville, Colleville, hameaux d'Harfleur, Gainneville, Saint-Martin-du-Manoir, Saint-Laurent, Sainte-Croix.

Compagnies de fusiliers : Sainneville, Porte Assiquet, Epouville, Manéglise, Epretot.

Saint-Romain, Etainnus, Prétot, Gommerville, Saint-Aubin, Gromesnil, Saint-Michel.

Sandouville, Cramesnil, Saint-Vincent Beaucamp, Routot, Rogerville, Oudalle, Saint-Vigor, Saint-Jean-d'Abbetot.

La Remuée, la Cerlangue, l'Oiselière, les Trois-Pierres.

Il est nécessaire, pour l'intelligence de ce tableau, de donner ici quelques explications sur la formation des capitaineries générales.

Chaque capitainerie était composée de 5 compagnies, dont une de canonniers et les quatre autres de fusiliers. La compagnie de canonniers était recrutée parmi les habitants des paroisses les plus à portée du rivage, sur le front de la capitainerie, qu'il y eût ou non des batteries à cet endroit ; en cas d'insuffisance, le complément était pris dans les paroisses de deuxième ligne ; on évitait autant que possible de recruter des canonniers et des fusiliers dans la même paroisse. Les quatre compagnies de fusiliers étaient composées par les habitants des autres paroisses de la capitainerie.

En 1773, M. Gourdon de Léglisière, lieutenant-général des armées du roi et directeur des fortifications de Normandie, fut chargé de l'inspection des corps de garde du gouvernement du Havre, et d'étudier les ouvrages à construire pour la défense ; il résulte de l'examen auquel il s'est livré, qu'un certain nombre de postes inutiles n'avaient pas encore été supprimés, malgré l'intention du roi, exprimée dans sa lettre au prince de Croy, en 1762.

On retrouve, en effet, dans la partie de ce rapport concernant la côte du Havre à Fécamp, l'existence de beaucoup de corps de garde, près des endroits où une descente était impraticable, tels étaient ceux d'Antifer, Bruneval, Saint-Jouin, Cauville, Octeville, Bléville, le cap de la Hève. M. de Léglisière faisait en outre remarquer que la falaise régnait de la hauteur de 40 toises, depuis Fécamp à la Hève, ce qui rendait cette côte de difficile accès pour l'ennemi et d'une grande facilité pour la défense.

Le rapport de M. de Léglisière est plus explicite pour la partie de la côte de Fécamp à Etretat. Voici le texte de ses constatations :

GRAINVAL, petit vallon, à une demi-lieue de Fécamp, en suivant la mer, où il y a un corps de garde en bon état.

YPORT, à une demi-lieue de Grainval, petit port d'échouage au moyen d'une jetée que le roi y a fait faire, il y a quelques années, pour arrêter le sable et le galet qui viennent d'aval. Le corps de garde joignant la jetée est en bon état ; ce port n'a besoin d'autre défense, n'étant pas propre à une descente à cause du rocher et de la falaise.

VAUCOTTE, à une demi-lieue d'Yport, petite vallée avec un ravin de difficile accès, attendu le rocher qui s'y trouve dans le bord de la mer ; le corps de garde est en bon état.

ETIGUE, à une demi-lieue de Vaucotte, vallon dont la fin, vers la mer, est escarpée ;

on y descend par une échelle, le corps de garde est en bon état.

ETRETAT, petit port pour les bateaux pêcheurs ; il a pour sa défense, du côté de la mer, une tour ronde, percée d'embrasures et de créneaux avec deux pièces de canon ; le corps de garde est en bon état, mais (1) les réparations à faire montent à 2,000 livres.

Après avoir étudié l'état de la côte, depuis le Havre jusqu'à Fécamp, il ne sera pas inutile de connaître la situation de ces deux ports, au point de vue militaire. Voici ce que nous lisons dans un rapport dressé en 1761 par le duc d'Harcourt, gouverneur de Normandie.

FÉCAMP. — Le port de cette ville est assez médiocre, mais suffisant pour le commerce qui s'y fait ; il pourrait être rendu meilleur que le Havre ; l'entrée est suffisamment défendue par les ouvrages qu'il (le duc d'Harcourt) y avait ordonnés ; il fallait, selon lui, y envoyer un bataillon, lequel, toutefois, n'aurait pas tenu pendant une heure, si l'ennemi y mettait pied à

7.

terre, la ville étant ouverte et dominée de toute part.

Le Havre était le point le plus intéressant de la côte et l'objet de la convoitise des ennemis ; on sait quelle inquiétude ils auraient donné à Rouen et à Paris, s'ils étaient parvenus à s'en emparer ; mais leurs efforts avaient toujours été inutiles par la défense maritime que lui, d'Harcourt, y avait obtenue, ajoutant qu'il y avait sur la plage suffisamment de batteries pour tenir tous les bâtiments éloignés, mais que cette ville ne pouvait tenir contre des troupes débarquées en force, la ville étant, comme celle de Fécamp, dominée à 4 ou 500 toises, au point d'être vue sur les remparts de la tête aux pieds. Il y avait dans cette ville (en 1761), une brigade d'artillerie et deux bataillons du régiment des gardes lorraines, insuffisants en cas d'attaque.

Enfin, d'après le duc d'Harcourt, la vallée d'Etretat était la seule susceptible d'un débarquement nombreux, ce qui exigeait à cet endroit des troupes de première et de deuxième lignes, disposées en échiquier, afin qu'elles puissent être secourues mutuellement.

L'organisation des milices gardes-côtes fut complètement remaniée par l'ordonnance royale du 13 décembre 1778, mise à exécution dans le courant des années 1779 et 1780.

Les divers essais de mobilisation de cette milice étant restés infructueux, on avait résolu de revenir aux anciens errements et de modifier entièrement la nature du service.

Le prince de Montbarey, ministre de la guerre, par une missive du 16 janvier 1779, adressée au commandant de la province de Normandie, prescrivit la réorganisation de la milice sur les bases indiquées par l'ordonnance. Il rappelait que le service de la garde-côte regardait principalement les batteries du littoral, et ordonnait que les hommes dont il serait composé porteraient à l'avenir la dénomination de *canonniers gardes-côtes*.

Les habitants des paroisses à portée de la mer, continuèrent à être employés à la composition de cette nouvelle troupe, dont il fut formé un nombre indéterminé de compagnies, et comme elles n'étaient plus réunies en capitaineries, il n'y eut plus besoin d'officiers supérieurs, qui furent remplacés par des capitaines chefs de division, commandant eux-mêmes une compagnie. Plus que jamais le ministre prescrit de confier les postes d'officiers aux anciens militaires ou à des personnes capables de remplir ces fonctions et d'organiser immédiatement le service, sous la surveillance des inspecteurs généraux nommés à cet effet par le roi. Enfin, les habitants des paroisses sujettes à la garde-côte devaient être désignés par voie de tirage au sort, pour former le contingent reparti sur la généralité.

M. de Mathan était nommé inspecteur général des canonniers gardes-côtes de Picardie au Havre, et M. de Godde commissaire des guerres chargé de la levée et du tirage de la milice, dont le contingent s'élevait à 11,500 pour la généralité de Rouen.

M. de Mathan s'occupa, dès le commencement de 1779, de l'organisation des compagnies de la Haute-Normandie et de faire mettre en bon état les corps de garde, les postes d'observation et les signaux. Ce travail fut terminé au mois de juin.

Avant 1779, les batteries de la côte étaient ordinairement servies, soit par des *maîtres-canonniers* entretenus sur ces batteries et en même temps gardiens des approvisionnements, soit par des canonniers du corps royal de l'artillerie ou par des divisions de canonniers gardes-côtes et quelquefois par des détachements de troupes cantonnés dans les environs. Par une lettre du 3 juin 1779, le prince de Montbarey, en indiquant les bases du nouveau règlement à dresser par le duc d'Harcourt, ordonnait que ces différentes classes continueraient à concourir au service des bouches à feu, mais seulement en cas d'alarme, extraordinairement. Les canonniers gardes-côtes feraient seuls le service en temps ordinaire, pour lequel il suffisait de 4 hommes par batterie et de 4 hommes et un caporal pour chaque poste. Le service ordinaire était divisé en deux saisons, le

service d'été, commençant le premier mai,
et le service d'hiver, le premier octobre.

Le règlement des canonniers gardes-
côtes, dans la généralité de Rouen, fut
achevé au commencement de l'année suivante et soumis au ministre le 18 janvier
1780, par M. de Crosne, intendant à Rouen.
M. de Crosne avait, notamment, changé le
nom de plusieurs compagnies et même de
quelques divisions ; il avait pris principalement pour chef-lieu de chaque division la
paroisse la plus centrale, afin d'éviter aux
hommes deux ou trois lieues de chemin,
pour aller au rassemblement.

Le même intendant appelait l'intention
du ministre sur les levées de marins dans
les paroisses gardes côtes. Si l'on continue, dit-il, à lever des marins dans ces
paroisses, on s'exposera à des émigrations
considérables, et les habitants se retireront
dans l'intérieur des terres, afin de s'affran-
chir de cette charge, qu'ils considèrent
comme très - onéreuse. M. de Crosne
ajoutait : Ces paroisses ont longtemps passé
pour être plus peuplées que celles de
la milice de terre, et l'on a prétendu que

les habitants sujets à cette milice s'y reti-
raient pour ne pas être astreints au service
militaire ; mais elles ne tarderont pas à dé-
croître si on les astreint encore au service
maritime.

Cette exemption fut accordée au commencement de l'année suivante, grâce aux
instances du marquis de Castries, il n'é-
tait que temps, car c'est à peine, si l'on
aurait trouvé 200 marins, dans toutes les
paroisses gardes-côtes de la généralité de
Rouen.

Deux écoles spécialement destinées à
l'instruction des canonniers gardes-côtes
avaient été établies, l'une à Fécamp, l'autre à Dieppe ; cette dernière était confiée
au lieutenant-colonel Laconstande et au
capitaine de Quintin ; on leur avait adjoint
des sous-officiers et 6 premiers canonniers
du corps royal de l'artillerie. L'école de
Fécamp était dirigée et administrée de la
même manière. La position de ces écoles
avait été choisie, parcequ'elles étaient au
milieu des divisions et que les hommes
n'avaient qu'une étape à faire pour y arriver, et au mois de novembre 1780, on res-

sembla à Fécamp un grand nombre de canonniers gardes-côtes, afin de suppléer à l'insuffisance des troupes de garnison.

Pendant l'espace de 4 mois, durée de l'instruction, les canonniers gardes-côtes firent à ces deux écoles des progrès rapides dans l'art militaire ; M. de la Barthe, maréchal de camp, commandant l'artillerie de la Haute-Normandie, visita l'école de Dieppe, le 7 juin 1780, et fut surpris de la rapidité avec laquelle les élèves canonniers avaient appris l'exercice du canon. En raison de leur zèle, les sous-officiers instructeurs reçurent plusieurs gratifications de la part du roi.

Quelques changements furent apportés à l'uniforme grossier dont étaient revêtus les anciens gardes-côtes ; voici la description qu'en donne M. de Mathan, en 1781 : « Tous les capitaines et lieutenants du « guet commissionnés sont coiffés uniformément d'un chapeau uni, brodé de noir, « avec un bouton uniforme et habillés d'un « habit tout bleu, sans revers, à la française, comme les invalides; les capitaines « sont distingués par trois boutons sur

« chaque manche. L'habit des lieutenants
« n'a pas de bouton sur les manches ; ils
« m'ont paru flattés d'être ainsi habillés et
« coiffés sans grande dépense ; nous comp-
« tons qu'ils le seront tous l'an prochain,
« à l'époque de la levée ; on les reconnaîtra
« plus facilement et ils seront mieux obéis ;
« enfin, les canonniers portent l'uniforme
« avec revers vert-de-mer. »

Les Anglais étant trop occupés à la
guerre d'Amérique pour songer à la
France, le gouvernement fit licencier une
partie des canonniers de la garde-côte
dans l'arrondissement du Havre ; toutefois,
afin de protéger le cabotage aux environs
d'Etretat, M. de Mathan fit détacher dans
ce port 30 hommes de la garnison du
Havre, sous les ordres de M. de Granval,
chef de la division de Criquetot et résidant
à Etretat, et 100 hommes à Fécamp, avec
ordre d'envoyer alternativement 25 hommes au port des Grandes-Dalles.

Nous avons vu que la côte, depuis l'em-
bouchure de la Seine jusqu'à Eu, était
divisée en 10 capitaineries en 1762 ; ces
capitaineries avaient été transformés en

12 divisions, suivant l'ordonnance de 1778, et 3 autres divisions avaient été créées dans la généralité de Rouen. Ces divisions comprenaient un total de 11,975 hommes, dont 2,826 seulement étaient en état de servir ; il y avait 3,998 infirmes, 1,017 trop petits ou trop vieux, 4,000 exempts et 130 absents.

En 1785, le nombre des paroisses de la généralité de Rouen sujettes à la garde-côte, s'élevait à 393, fournissant 3,100 canonniers gardes-côtes, au moyen d'un contingent annuel de 620 hommes. Il est à remarquer que les populations rurales fournissaient seules à cette milice. A l'exception de Fécamp et de Saint-Valéry, qui contribuaient à cette formation et avaient, en échange, l'exemption de la levée des marins, les autres villes, telles que le Havre, Harfleur, Montivilliers et Dieppe, soumises, il est vrai, à la formation des régiments provinciaux, ne venaient nullement en aide aux populations des campagnes qui se trouvaient écrasées par la levée des canonniers gardes-côtes. La contribution des villes au contingent de la garde-côte leur aurait été d'un grand secours et aurait permis de consacrer à l'agriculture un grand nombre de bras se trouvant inactifs dans le service de cette milice.

Cette organisation continua à être en vigueur jusqu'à la Révolution de 1789 : l'institution de la garde nationale et la réorganisation des douanes rendaient inutile la milice garde-côte, et elle fut supprimée provisoirement. Toutefois, la surveillance de la côte, n'en continua pas moins à être exercée conjointement par la garde nationale et la Douane, et quelques années plus tard reparut une nouvelle organisation.

Le Havre et son arrondissement avaient été compris dans la 15e division militaire, commandée par le général Lamorlière. Les commissaires de la Convention ayant nommé des agents pour organiser la défense de la côte, ce général dressa un règlement très-détaillé et très-minutieux, afin de déterminer la nature de ce nouveau service. Il avait institué un inspecteur général pour toute la division, un comman-

dant temporaire pour le district de Montivilliers (arrondissement du Havre), des
gardiens de signaux et de batteries, des
instructeurs et canonniers à poste fixe, résidant habituellement sur chaque batterie ;
enfin les douaniers, les gardes nationales
et la gendarmerie furent désignés pour
compléter le service de défense. Comme on
le voit, c'était l'ancienne milice garde-
côte, reconstituée sous des noms différents.

L'inspecteur général avait à peu près les
mêmes fonctions que dans l'ancienne milice, il était chargé de commander à tous
les officiers de la côte, présidait à la levée
des hommes, à la nomination des sous-officiers ; il faisait une revue mensuelle et
résidait à Fécamp, où était établi son bureau
de correspondance.

Les fonctions du commandant temporaire étaient identiques à celles des anciens
capitaines-généraux ; il commandait sous
les ordres de l'inspecteur général, choisissait les canonniers et surveillait l'exacti-
tude du service au moyen d'une revue
hebdomadaire.

Il y avait, sur chaque batterie, un sous-

avec le gardien, des appels des hommes
en service actif ou auxiliaire ; à ce dernier
incombait la conservation de tout le matériel de guerre et des signaux ; il commandait en l'absence de l'instructeur et soldait
les canonniers à poste fixe ; la solde de
ceux-ci était de 42 sols 6 deniers par jour
pour le sergent, 35 sols pour les caporaux,
et 27 sols pour les simples canonniers ;
mais ils devaient, au moyen de ces appointements, subvenir à leur subsistance en
commun. Ces canonniers demeuraient à la
batterie et faisaient chaque jour l'exercice
du canon et du fusil.

Les gardes nationales des municipalités
voisines devaient fournir le complément
d'hommes nécessaire au service des batteries, c'est-à-dire 8 hommes par pièce de
canon ; ils ne recevaient d'autre solde,
qu'une indemnité de 15 sols par mois, pour
le temps passé aux exercices. Ils devaient
faire l'exercice chaque dimanche à 6 heures
du matin, et, au premier signal, se rendre
aux batteries.

Les douaniers de la côte, mis en activité
officier instructeur chargé, conjointement

de service, étaient chargés de faire les patrouilles de jour et de nuit entre les postes du district. Il y avait alors, dans l'arrondissement du Havre, 16 corps de garde occupés par 96 hommes, savoir ceux du Hoc, Lheure, Sainte-Adresse, Bléville, Octeville, Cauville, Heuqueville, Saint-Jouin, Bruneval, Antifer, Etretat, Bénouville, Vaucotte, Etigue, Yport, Grainval. Enfin, la gendar .erie et la garde nationale étaient mises à la disposition du command int temporaire, afin de renforcer, en cas de nécessité, les troupes spécialement affectées à la surveillance de la côte.

C'est ainsi que resta organisée, sous la première république et le premier empire, la défense du littoral. Aujourd'hui, grâce à la rapidité des communications, la milice garde-côte est devenue inutile. Mais si nous n'apercevons plus de soldats-paysans sur le bord de nos falaises, nous voyons encore la silhouette des douaniers qui les ont remplacés dans les postes d'observation, non plus exclusivement sous le rapport militaire, mais au point de vue fiscal.

TABLE DES MATIÈRES

Fécamp. — Imprimerie de L. DURAND.

CINQUIÈME GLANE

LES LÉPROSERIES

DE

L'ARRONDISSEMENT DU HAVRE

CINQUIÈME GLANE

Les Léproseries de l'Arrondissement du Havre

Lorsque l'affreuse maladie de la lèpre se fit sentir en Europe et notamment en France, la religion et la politique s'unirent pour essayer de combattre le fléau, ou tout au moins l'empêcher de se propager. Dès les premiers temps de la monarchie jusqu'au xe siècle, différentes ordonnances royales furent rendues à ce sujet ; elles ordonnaient spécialement de séparer les lépreux des autres habitants et de leur procurer des ressources afin qu'ils ne puissent communiquer avec leurs semblables.

On s'occupa, dans la suite, d'élever ces maisons de refuge connues sous le nom de *léprosaries, léproseries* ou *maladreries*, qui ont été si communes au moyen-âge. C'est pendant le xiiie siècle que la plupart d'entr'elles ont été fondées, et la majeure partie de celles de l'arrondissement du Havre, datent de cette époque.

A ce moment, la lèpre s'était tellement propagée par suite des croisades, que presque tous les bourgs un peu importants et quelquefois de petites bourgades en ont été dotés ; ces léproseries étaient communes aux paroisses voisines qui n'en possédaient pas. C'est ce qui explique le rapprochement des maladreries les unes des autres, puisque nous en avons retrouvé *trente-six* dans l'étendue du gouvernement du Havre, dont est formé actuellement l'arrondissement de ce nom, alors que maintenant il ne possède pas le tiers d'établissements hospitaliers.

D'après Mathieu de Paris, il y avait *dix-neuf mille léproseries* dans les États de la chrétienté ; la France en comptait à elle seule près de *deux mille*. Louis VII, roi de France, par son testament daté de l'an 1225, est un de ceux qui ont subventionné d'une manière générale ces sortes d'hôpitaux. En effet, il légua cent sols de rente (84 francs de notre monnaie) à chacune des léproseries du royaume. Une de nos plus grandes léproseries normandes, celle du Mont-aux-Malades, près Rouen, avait aussi, un demi-siècle auparavant, été favorisée de la générosité d'un autre monarque, Henri II, roi d'Angleterre, qui avait donné aux lépreux de cet endroit *une rente de six mille bons harengs* (sic) à prendre sur la prévôté de Dieppe.

Les maladreries ou léproseries auxquelles était annexée une chapelle, se trouvaient toujours sous le vocable des saints, tels que : Saint-Gilles, Saint-Léonard, Saint-Martin, Sainte-Madeleine, Sainte-Marguerite, Sainte-Véronique. Nous ajouterons que les lépreux reconnaissaient pour patron Saint-Lazare, ressuscité par Jésus-Christ, parce que, suivant la tradition, il était mort de la lèpre. Le nom de ce saint avait été transformé par le peuple, en celui de Saint-Ladre, d'où les lépreux furent eux-mêmes appelés ladres et leurs maisons *ladreries* ou *maladreries*. Ces chapelles, ainsi que les manoirs ou maisons des lépreux, étaient situés dans des endroits écartés et bien aérés.

Sans vouloir donner ici une description de la maladie de la *lèpre*, nous en dirons cependant quelques mots.

La dénomination de *lèpre* a été appliquée, au moyen-âge, à plusieurs maladies de la peau qui l'ont conservée jusqu'à nos jours. L'éruption lépreuse a son siége principalement à la face, au nez, autour des sourcils, aux oreilles et aux membres. Dans la première période, il s'établit d'une manière presque insensible, de simples tâches brunes ou rougeâtres qui résistent à tout traitement. Dans la deuxième période, la face prend une teinte violacée ou bleuâtre ; il se produit des ulcères dans la bouche, qui exhalent une odeur fétide ; les parties tuméfiées sont insensibles au malade, son caractère s'aigrit, il a horreur de lui-même ; quelquefois cet état reste stationnaire pendant plusieurs années. Dans la troisième période, le lépreux meurt pour ainsi dire en détail ; ses membres se détachent par lambeaux, une affreuse carie désunit les articulations et provoque la chute des phalanges. Enfin, épuisé par le progrès de ce mal horrible, le malheureux finit par succomber.

Les lépreux étaient soignés par des *frères* ou *clercs* résidant parmi eux, et sous la

direction spirituelle d'un chapelain chargé
aussi d'administrer le temporel. On ne
saurait trop admirer le dévouement de ces
hommes allant volontairement vivre au
milieu de ces malheureux, de ces lépreux
dont le nom seul, appliqué aux individus,
était considéré comme une injuro grave,
de ces lépreux, que la société avait retran-
chés de son sein à cause de cette terrible
maladie. Et ces frères allaient ainsi s'ense-
velir avec leurs malades dans une sorte de
tombeau, ayant sans cesse sous les yeux
l'image de la mort, dans la décomposition
lente et continue de la chair de ces lépreux.
La charité chrétienne, qui a provoqué tant
de dévouements, pouvait seule susciter une
pareille abnégation.

Si par la suite et notamment au xiiie et
au xve siècles, quelques relâchements
se sont introduits dans ces maisons, surtout dans celles peu fortunées, il serait
injuste de généraliser ces désordres ; que
l'on consulte le registre des visites pastorales de l'archevêque de Rouen, Eude Rigaud,
et l'on verra que ce prélat, dont la fermeté
et la sévérité étaient exemplaires, ne cons-

tate les écarts que de quelques-uns des chapelains desservant les nombreuses léproseries de notre arrondissement.

Il est vrai que pendant le xv⁰ siècle, on eut à signaler des désordres plus nombreux ; on lit, en effet, dans une lettre adressée par le roi Charles VIII, à l'archevêque de Rouen, que le service divin était très-mal observé dans les chapelles des léproseries et que le soin des lépreux était négligé. Le roi exortait, en conséquence, l'éminent prélat, qui était alors à la tête du diocèse, à visiter ces établissements, afin de remédier aux inconvénients signalés.

Dès qu'un individu était soup çonné d'être atteint de la lèpre, il était visité par un ecclésiastique de sa paroisse, et sur son rapport, les trésoriers de l'église devaient le faire transférer à la léproserie la plus voisine. Si ces fonctionnaires négligeaient d'accomplir leur mission, ils étaient punis par l'autorité ecclésiastique. Ainsi, en 1519, les trésoriers de la Roche-Guyon furent condamnés à une amende de seize sous, *pour avoir négligé d'éloigner du commerce*

*des sains, un particulier déclaré lépreux par
ordonnance du vicaire.*

Le transfert du lépreux à la maladrerie,
se faisait avec un cérémonial des plus
émouvants et des plus douloureux pour
lui, car on procédait sous ses yeux à ses
funérailles. A la suite d'un service funèbre,
deux particuliers rétribués *ad hoc*, l'ac-
compagnaient à la léproserie qu'il pouvait
considérer comme son avant-dernière de-
meure.

Nous lisons au sujet de ces funérailles
d'un mort-vivant, un article très-curieux
dans les statuts de la confrérie de Saint-
Laurent, érigée au milieu du xv⁰ siècle
dans l'église de Bois-Himout (arrondissement d'Yvetot).

*S'il arrivait que quelque frère ou sœur
fut atteint de lèpre ou ladrerie, les frères
servants seront tenus de le conduire jusqu'à
la maladrerie et avant leur départ on leur
fera dire une messe de Requiem,* devant l'i-
mage de Saint-Laurent, COMME S'IL ÉTAIT
DÉJA MORT.

Cet usage avait cependant cessé dans
plusieurs provinces. M. Renault, président

de la société des Antiquaires de Normandie, dit qu'il était défendu de célébrer la
messe des morts, lors du transfert du lépreux à la léproserie. Nous ne pouvons
admettre cette opinion, et les statuts de la
confrérie de Bois-Himont, sont là pour
l'attester, que dans notre pays, la cérémo-
nie funèbre existait encore au xv⁵ siècle.

Lorsqu'un lépreux décédait dans la léproserie, il était enterré dans un coin du
cimetière de l'église paroissiale ou quelquefois dans l'enceinte de la léproserie si elle
était importante.

Les travaux de dessèchement et de défri-
chement entrepris par les moines, rendi-
rent, dit M. Renault, la lèpre plus rare ;
mais ce n'est qu'au xvi⁵ siècle que cette
maladie diminua sensiblement, sans toutefois cesser complétement, car on retrouve
ça et là quelques malades dans nos léproseries. Nous ajouterons même, d'après
M. l'abbé Cochet, qu'en 1718, il y avait
encore des lépreux à la léproserie du Pol-
let, près Dieppe. Les biens des léproseries
furent, au xvi⁵ siècle, réunis aux trésors
des paroisses d'où elles dépendaient, et

l'administration confiée aux trésoriers.

De temps à autre, l'Etat profita de ces revenus. C'est ainsi qu'en 1552, Henri II, afin de se procurer des ressources pour continuer la lutte contre Charles-Quint, préleva un impôt sur chaque clocher et voulut s'emparer des léproseries alors sans emploi; nous ne pensons pas que cette disposition ait été appliquée dans nos environs, car on retrouve encore, à la fin du xvi° siècle, presque toutes les léproseries intactes et non supprimées.

En 1641, un nouvel emprunt considérable fut levé sur toutes les léproseries ; mais la plupart d'entr'elles auraient été ruinées s'il leur eut fallu payer la taxe qui leur était imposée ; la léproserie de Montivilliers, notamment, taxée à 1,500 livres, fit réduire des deux tiers cette lourde imposition et encore on dût vendre une partie des arbres pour rembourser ces 500 livres à un particulier qui les avait avancées.

Voici maintenant qu'elle était, à la fin du xvi° siècle, l'état ou plutôt la nomenclature des léproseries dans la vicomté de Montivilliers, d'après un manuscrit de la fin du xvi⁴ siècle. Nous ferons observer que cette liste est incomplète en ce qu'elle ne comprend pas les léproseries de Berniè-res, l'Église, Fécamp, Sanvic et Routot, qui, cependant, faisaient partie de cette vicomté. On doit encore y ajouter celles de Bolbec, Lillebonne et d'Auberville-la-Cam-pagne, dans la vicomté de Caudebec.

ÉTAT DES LÉPROSERIES DANS LE VICOMTÉ DE MONTIVILLIERS, DRESSÉ EN 1600.

Sergenterie de Montivilliers :

Saint-Gilles-lès-Montivilliers ; Sainte-Marguerite à Saint-Jouin ; Saint-Léonard à Rouelles.

Sergenterie d'Harfleur :

Saint-Eloi, près Harfleur ; Gainneville et Saint-Laurent ; Saint-Eustache-sur-le-Bec ; Hermeville ; Gonfreville-l'Orcher ; Notre-Dame-des-Bois.

Sergenterie de Saint-Romain :

Saint-Romain ; Saint-Vincent ; Virville; Cantelou, à Ecrainville ; Etainhus et Sain-neville ; Chapelle-Sainte-Honorine.

Sergenterie de Goderville :

Beaumont ; Mesmoulins ; Contremoulins ; Bec-de-Mortagne ; Tourville ; Val de Babeuf ; Etretat ; Valmont ; Fauville.

Nous nous occuperons plus tard de l'histoire de chacune de ces léproseries.

Quelques symptômes de la lèpre s'étant de nouveau manifestés au commencement du xvii° siècle, le roi, par une déclaration du 24 octobre 1612, ordonna la répartition de ces nouveaux lépreux dans les maladreries qui étaient encore en état de les recevoir ; il fit pourvoir à leur subsistance au moyen de pensions prélevées sur les fermages de ces léproseries. Cet état de choses subsista jusqu'à la moitié du xvii° siècle. Des vagabonds essayèrent alors de se faire passer pour lépreux et se firent recevoir dans les léproseries, mais la découverte de cette supercherie les fit chasser de leur retraite, et ces établissements divinrent de nouveau sans emploi.

Quelques unes de ces maisons ont alors été réunies aux biens des églises paroissiales; mais la plus grande partie fut donnée à titre de bénéfices aux membres du clergé. L'hôpital de Saint-Mesmin d'Orléans demeura spécialement affecté aux lépreux qui se seraient rencontrés dans toute l'étendue du royaume.

Pendant le xviii° siècle, l'administration des léproseries fut généralement confiée aux chapelins bénéficiaires qui devaient célébrer, chaque semaine, deux ou trois messes basses à l'intention des fondateurs; à la fête du patron de la chapelle, l'édifice tout entier était célébré en grande pompe.

En 1672, le roi Louis XIV oubliant quelle avait été l'intention des fondateurs ; des léproseries, et dans le but de s'épargner de servir des pensions à ses officiers, donna une autre destination à ces revenus. Par un édit du mois de décembre, il attribua toutes les léproseries du royaume aux ordres hospitaliers et militaires de Notre-Dame-du-Mont-Carmel et de Saint-Lazare (unis en 1607). Cette donation avait pour objet de donner des pensions et des commanderies aux officiers de troupes régulières qui s'étaient distingués dans les combats ; deux commanderies furent établies, l'une à Fécamp et l'autre à Montivilliers, pour toute l'étendue du gouvernement du Havre.

L'ordre de Saint-Lazare et de Notre-Dame-du-Mont-Carmel resta en possession des léproseries jusqu'en 1693. Toutefois, nous ferons remarquer qu'il conserva la jouissance des biens de plusieurs d'entr'elles jusqu'à l'époque de la Révolution ; nous citerons, notamment, celle de Doudeville, dans l'arrondissement d'Yvetot, laquelle, bien qu'ayant été, avant 1672, administrée par les trésoriers et curés de Doudeville, échappa à leur revendication fondée, cependant, sur une possession consécutive de plus de deux siècles.

En 1693, disons-nous, le roi ayant changé de résolution, et, sans doute, reconnu que les biens des pauvres, ne pouvaient servir de dotation à l'armée, mesure qui n'avait guère profité, puisque les donataires n'avaient le plus souvent besoin, de ce secours, rapporta sa déclaration de 1672, en ordonnant la désunion des biens des léproseries de ceux de l'ordre de Saint-

Lazare et de Notre-Dame-du-Mont-Carmel,
se réservant d'en faire jouir ultérieure-
ment quelques autres établissements chari-
tables ; il ordonnait, en outre, que les anciens
fondateurs pourraient s'ils justifiaient de
leurs titres, rentrer en possession des
léproseries qu'ils avaient fondées ou dotées.
C'est alors que l'abbaye de Montivilliers et
les échevins de cette ville, revendiquèrent
la propriété de la léproserie de Saint-Gilles,
pour en doter l'hôpital de Montivilliers, ce
qui leur fut d'abord accordé, ainsi que la
jouissance de trois autres maladreries.

Les religieux de l'abbaye de Fécamp, pré-
tendirent que la léproserie de Saint-Martin,
établie dans la ville, était un office claustral
et qui leur revenait de droit, en qualité de
fondateurs ou tout au moins de bienfaiteurs ; le curé de Vattetot-sous-Beaumont
et celui de Saint-Romain tentèrent aussi
des revendications analogues, jusqu'à ce
que les administrateurs de l'hôpital du
Havre se fussent décidés à exercer leurs
droits.

Par les lettres-patentes de création de
cet hôpital, en date du 16 mai 1669, le roi

lui avait accordé la propriété de toutes les léproseries situées dans l'étendue du gouvernement du Havre, au fur et à mesure des vacances, c'est-à-dire, du décès des titulaires, remplissant les fonctions d'administrateurs-chapelains et jouissant des revenus. Trois ans après, l'ordre de Saint-Lazare et de Notre-Dame-du-Mont-Carmel, fut envoyé en possession de toutes les léproseries du royaume et les administrateurs de l'hôpital du Havre craignant l'influence des membres de cet ordre puissant, n'osèrent lui intenter un procès pour se faire excepter de la règle générale, en revendiquant les léproseries, situées dans l'étendue du gouvernement du Havre. Toutefois, l'hôpital du Havre, prit possession de la chapelle Saint-Roch en 1669 et de la léproserie de Sanvic en 1680 ; il sembla abandonner ses droits pendant tout le temps que dura la possession de l'ordre de Saint-Lazare, mais à la suite de l'édit de 1693, ses administrateurs se reveillèrent et se mirent en devoir d'exercer leurs droits. Les lettres-patentes de 1669, furent confirmées en 1696, par une nouvelle déclaration

2.

royale, qui réunissait aux hôpitaux les
plus voisins, les maladreries dont les anciens fondateurs n'avaient pu justifier de
leurs titres.

Armés de cette nouvelle décision, les administrateurs de l'hôpital du Havre, essayèrent de se mettre en possession des biens
qui leur étaient de nouveau attribués ; ils
réussirent pour la majeure partie des léproseries, mais aussi ils rencontrèrent de sérieux
obstacles de la part de plusieurs détenteurs,
tels que l'abbaye de Fécamp, en possession
des léproseries de Saint-Martin et de Saint-
Jacques-du-Sépulcre, de l'abbesse et des
échevins de Montivilliers, qui avaient obtenu l'attribution de quatre léproseries ; du
curé de Saint Romain-de-Colbosc, qui se
trouvait dans le même cas, du curé de
Vattetot-sous-Beaumont et des administrateurs de l'hôpital de Caudebec. De gros
procès furent alors engagés et durèrent
plusieurs années ; mais, en définitive, les
administrateurs de l'hôpital du Havre obtinrent gain de cause. Un arrêt du 7 mai
1700, ordonna de nouveau l'exécution des
lettres-patentes de 1669, accordées à cet

hôpital, et en conséquence, les léproseries du gouvernement du Havre demeuraient unies à l'hôpital général de cette ville.

Malgré cette sentence, ce n'est qu'en 1708 que cet établissement put jouir paisiblement du don qui lui était fait et encore eut-il à supporter des frais considérables de procédure ; ces frais avaient tellement épuisé ses ressources, qu'il dût en 1710, contracter un emprunt de 10,000 livres pour équilibrer son budget. D'un autre côté, plusieurs léproseries lui échappèrent ; la léproserie de Saint-Jacques-du-Sépulcre, à Fécamp, resta aux mains des religieux de cette ville, qui l'unirent à la manse conventuelle ; la léproserie du Val-aux-Grés, près Bolbec, était devenue un monastère ; les biens des léproseries de Rouelles, Bernières, Saint-Eloi, à Harfleur, Hermeville, Gonfreville, Tourville et Routot, étaient retournés à leurs bienfaiteurs. Les administrateurs de l'hôpital du Havre, las de plaider et sachant ce qui leur en coûtait, renoncèrent à les revendiquer aux mains des détenteurs. Néanmoins, l'hôpital du Havre avait été assez heureux pour re-

couvrer des biens qui forment encore aujourd'hui le meilleur de son avoir et qui,
au milieu du xviiie siècle, produisaient déjà
plus de 5,400 livres de revenu.

On a souvent agité la question de savoir
si l'hôpital du Havre, à raison de l'attribution des biens des lépreux, était obligé de
recevoir les pauvres et les malades des paroisses où il y avait eu des léproseries.
Les lettres-patentes de 1669 ne mention-
nent pas cette obligation, ce n'est que dans
les dernières années du xviie siècle, que
les administrateurs de l'hôpital du Havre,
pour arriver à rentrer en possession de
ces biens, avaient consenti, par transactions, à affecter quelques lits à ces malades, comme le mentionne d'ailleurs le
mémoire cité plus loin. Cet état de choses
dura une vingtaine d'années, et vers 1720,
le conseil d'Etat annula toutes ces transactions. Depuis, les paroisses de l'arrondissement n'ont jamais eu aucun droit d'entrée
gratuite à l'hôpital du Havre pour leurs
indigents. D'ailleurs, si le roi avait voulu
en faire profiter les habitants de ces paroisses, il n'aurait pas enlevé aux hôpitaux

de Montivilliers, Fécamp et Saint-Romain, les biens que tout d'abord il leur avait concédés. ..

Eufin, dans un mémoire rédigé par les administrateurs, il est dit que cette donation leur a été faite pour le soulagement des pauvres et des malades, car s'il n'y avait plus de lépreux à nourrir, ils avaient des scorbutiques à soigner, et le nombre de ces malades était alors si considérable, qu'en 1690 l'hôpital du Havre en avait eu à sa charge plus de *deux mille.*

Un des premiers actes des administrateurs, lorsqu'ils furent en possession des biens des maladreries et léproseries, a été de supprimer les chapelles y attenant, qui étaient devenues inutiles et très-onéreuses à entretenir. Le baron du Bec-Crespin, M. le président Romé de Fresquenne, ayant droit de patronage sur la chapelle dépendant de la léproserie de Saint-Eustache, tenta de s'opposer à sa destruction. Un procès s'en suivit en 1708 ; mais le baron du Bec fut débouté de sa demande.

Il est bon de remarquer que les administrateurs, qui demandèrent et obtinrent l'annulation des transactions dont nous avons parlé, ne manquèrent pas de s'en prévaloir pour la défense de leurs intérêts, avant qu'elles fussent rapportées.

C'est ainsi qu'au sujet de l'entretien des chapelles des léproseries, nous trouvons, dans un mémoire de l'époque, les raisons ci-après invoquées pour la démolition de ces chapelles :

« Les chapelles des léproseries n'ont été fondées qu'en faveur des lépreux, que ce mal contagieux empêchait d'assister à l'office de la paroisse ; aussi, sont-elles toutes dans des lieux écartés. Ce mal ayant cessé, le roi interprétant l'intention des fondateurs, a uni à l'hôpital toutes les léproseries, à condition de recevoir les pauvres des lieux desdites léproseries et d'acquitter les services religieux. Selon cette disposition, les chapelles des léproseries deviennent inutiles ; où il n'y a point de peuple, inutilement on ferait le service divin ; où il n'y a point de service, il n'y a point besoin de chapelle. D'ailleurs, les hôpitaux seraient accablés s'il leur fallait réparer ces chapelles ; le don du roi leur serait très-onéreux, toutes les chapelles

étant presque entièrement ruinées et plusieurs ne possédant pas cent livres de revenu ; quelques-unes même n'ayant que
trente à soixante livres pour toutes ressources. La déclaration de 1696 ne donne point
au patron le droit de nommer un chapelain ; mais pour tout droit, elle lui donne
celui d'envoyer aux hôpitaux un certain
nombre de pauvres, d'où il suit que sa majesté reconnaît que les chapelles sont inutiles au public depuis qu'il n'y a plus de
lépreux. »

L'hôpital du Havre a conservé, jusqu'à
ce jour, la majeure partie des biens des
léproseries, le surplus a été aliéné à différentes époques pour subvenir à ses besoins
toujours croissants. Les chapelles, où les
malheureux lépreux allaient chercher quelque consolation à leurs maux, ont presque
toutes disparu comme le mal qui avait nécessité leur établissement. Les maisons où
les ladres avaient vu se consumer une vie
si triste, ont pour la plupart été détruites,
comme si l'on eut voulu éviter tout contact
avec ce qui leur avait appartenu. Là où
l'on voyait des individus ressemblant à des
cadavres animés, on aperçoit maintenant

des paysans forts et vigoureux, au teint. frais et coloré, cultivant la même terre qui avait été aumonée à leurs prédécesseurs par de pieux fondateurs, clercs ou laïques animés de la même pensée, c'est-à-dire de venir en aide et soulager ces déshérités de la santé.

Après cet exposé, nous allons énumérer, par ordre alphabétique, toutes les léproseries qui faisaient partie du gouvernement du Havre, dans lequel se trouve compris notre arrondissement. Nous indiquerons leur fondation, leur importance, leurs principaux possesseurs, le sort qui leur est advenu, ainsi que les faits historiques qui se rattachent à chacune d'elles. Nous ajouterons, autant qu'il nous sera possible, la population des paroisses où étaient situées ces léproseries, en prenant le chiffre des habitants ou chefs de famille, au xiiie siècle, époque où l'on peut reporter la fondation de la plupart de ces maisons.

AUBERVILLE-LA-CAMPAGNE
30 paroissiens ou 150 habitants

La léproserie d'Auberville, au doyenné

de Foville, est citée dès 1252, sous le titre de *léproserie de Saint-Amateur ou de Saint-Amadour*.

En effet, le 3 des calendes de mai 1252, dans le cours de ses visites pastorales, l'archevêque de Rouen, Eude Rigaud, fit comparaître devant lui le chapelain de cette léproserie comme accusé d'avoir des relations avec une femme. Ce prélat constata que si cette accusation avait eu quelque raison d'être, elle était à ce moment sans portée, tout scandale ayant cessé.

La chapelle de cette léproserie, située sur le bord de la route de Lillebonne à Caudebec, au hameau de Saint-Amateur, avait, croit-on, été fondée par les religieux de l'abbaye du Valasse, située non loin de là ; dans tous les cas, ils y présentaient dès le xiiie siècle. A cette époque, le revenu de la chapelle et de la léproserie se montait à 15 livres. En 1713, Mgr d'Aubigné, archevêque de Rouen, accompagné de son vicaire général, en fit la visite, ce qui prouve qu'elle servait encore au culte ; en outre, au xviiie siècle, elle était sous le patronage et à la collation de l'hôpital, auquel elle avait été attribuée.

Par lettres-patentes de l'année 1697, cette léproserie a été unie à l'hôpital de Caudebec et son emplacement est maintenant occupé par une forge.

NOTRE-DAME-DU-BEC
60 paroissiens ou 300 habitants

La léproserie située sur cette paroisse, doyenné du Havre et sergenterie de Saint-Romain, était une des plus importantes de celles situées dans l'étendue du gouvernement du Havre. La chapelle était placée sous le vocable de Saint-Eustache, *capella sancti, Eustachi de Becco*; cependant, au xvi⁰ siècle, on la désignait sous le nom de *léproserie Saint-Clair*. Sa fondation était due aux seigneurs et barons du Bec-Crespin. qui lui avaient accordé des revenus assez considérables, ainsi que l'exemption de toute juridiction temporelle ; aussi ce n'était pas seulement une léproserie, mais bien un fief et une seigneurie dite de Saint-Eustache du Bec-Crespin. Les barons du Bec s'étaient réservés le droit de présenter à la chapelle et *de placer dans l'hôtel et maladrerie, un homme lai ou autre,* pour partager avec les frères hospitaliers et les lépreux, les revenus aumônés par les fondateurs. Ces seigneurs conservèrent jusqu'en 1705 leur droit de patronage, et défendirent énergiquement leurs prérogatives comme nous le verrons plus loin.

Au xv⁵ siècle, la léproserie de Saint-Eustache était administrée par un ecclésiastique prenant le titre de curé. Guillaume Vasse, notamment, y fut nommé en 1455 ; le seigneur du Bec lui accordait annuellement une somme de cinquante sols pour ses honoraires, à prendre sur les revenus de la baronnie. François Leneuf, Richard Bocquet et Jean Jugon (1488), lui succédèrent dans cette administration ; ils avaient été nommés par la châtelaine du Bec. En 1520, Louis de Brezè, alors baron du Bec, y plaça Nicolas Rostant ; en 1542 et 1568, Pierre de Foville, écuyer, noble homme de la Sarche, et Jean Delaunè occupèrent ce même poste de chapelain-administrateur ; cette léproserie était alors désignée sous le nom de *Saint-Clair* ; les titulaires sont qualifiés : *clercs-chapelains de la léproserie de Saint-Clair et administrateurs des malades,* ce qni prouve qu'il y avait encore quelques lépreux à cette époque.

Nous avons dit que cette léproserie était un fief et une seigneurie de Saint-Eustache. On lit en effet cette mention dans l'inventaire des archives de l'hôpital du Havre (1750) : *La terre et seigneurie appartenant à ladite maladrerie et léproserie de Saint-Eustache, consiste en domaines fieffé et non fieffé, hommes et tenants, foi et hommages, rente et deniers, œufs et oiseaux, amendes, forfaitures, reliefs, treizièmes, droits et usages, basse justice sur lesdits hommes et tenants, s'exerçant par les officiers de la baronnie et haute justice du Bec.* Chose remarquable, cette léproserie avait droit, en outre, au patronage de l'église de Bouville, doyenné de Saint-Georges (arrondissement d'Yvetot).

Le domaine non fieffé se composait d'environ 30 acres de terre, situées à Notre-Dame-du-Bec. Le manoir seigneurial des lépreux où était édifiée la chapelle, comprenait à lui seul 17 acres ; il était placé au nord d'un chemin tendant de l'église d'Hermeville à celle de Rolleville, à l'emplacement désigné aujourd'hui sous le nom de *plaine de la chapelle.*

Le domaine fleffé consistait en plusieurs petites rentes seigneuriales, se montant ensemble à 17 livres. Enfin, cette léproserie possédait le droit de dime d'une valeur de 100 sols sur le fief de Barchen, à Octeville, et la rente de 2 livres dix sols, pour l'entretien du chapelain.

La léproserie-seigneurie de Saint-Eustache, devint, en 1672, la propriété de l'ordre de Saint-Lazare et de Notre-Dame-du-Mont-Carmel ; elle resta dans ses mains jusqu'en 1693. Les administrateurs de l'hôpital de Montivilliers obtinrent, en 1695, un arrêt qui la réunissait à cet établissement ; mais sur la revendication faite en 1693 et en 1697 par l'administration de l'hôpital du Havre, ce dernier en fut envoyé en possession en 1700.

En 1705, M. Romé de Fresquenne, baron du Bec, s'opposa formellement, en vertu de son titre de descendant des fondateurs, à la démolition de la chapelle, sur laquelle il voulait continuer à avoir le droit de patronage. Une sentence arbitrale, rendue le 1er avril 1705, par M. de Pontcarré, premier président de la cour de Normandie, adoptant les raisons invoquées par les administrateurs de l'hôpital du Havre, et que nous avons déjà rappelées, rejeta la demande du baron du Bec.

A partir de l'année 1700 et jusqu'à la Révolution de 1789, l'hôpital du Havre resta en possession des droits et priviléges, faisant partie de la seigneurie de Saint-Eustache ; ces droits et priviléges étaient régis par le greffier de la baronnie du Bec, qui était chargé de recevoir les aveux et déclarations dus par les tenants ; à titre de rémunération ; il avait droit à la moitié des reliefs et des treizièmes.

BEC-DE-MORTAGNE

100 paroissiens ou 500 habitants

La léproserie de Sainte-Anne du Bec-de-Mortagne, dépendit d'abord du doyenné de Valmont, puis de celui des Loges et de la

sergenterie de Goderville ; elle était connue
aussi sous le nom de : *léproserie de Saint-
Jacques de Gonneville*, et son existence est
constatée dès le treizième siècle.

A la fin du xvi⁰ siècle, la chapelle était
à la présentation des ducs de Longueville ;
plus tard ce patronage passa au chapitre de
Rouen, qui choisissait un chapelain parmi
ses membres : c'est ainsi qu'en 1661, Jacques Lechevallier, chanoine de Rouen, en
avait la possession ;

Cette léproserie possédait près de dix
hectares de terre, divisés en plusieurs pièces, sur l'une desquelles la chapelle et
divers bâtiments, autrefois à l'usage des
lépreux, existaient encore au commencement du xviii⁰ siècle. La configuration de
ce manoir formant un plan triangulaire, se
trouvait sur le chemin de Fauville à Fécamp, au hameau de Gonneville.

Le revenu se montait annuellement à
114 livres, à la fin du xvi⁰, et à 140 livres
à la fin du xvii⁰ siècle. Ces biens ont été
réunis, en 1672, à ceux de l'ordre de Saint-
Lazare et de Notre-Dame-du-Mont-Carmel,

et donnés en commanderie à M. Gasquerel de Brioult, chevalier, baron de Dalon.

Ils ont été réunis d'abord à l'hôpital de Fécamp, en 1694, puis à celui du Havre, en 1700 Les administrateurs de ce dernier hôpital fleffèrent les biens dépendant de cette léproserie, moyennant 160 livres de rente, en 1741; à cette époque, la chapelle n'existait plus. Déjà en 1683, Mgr de Colbert, coadjuteur de Rouen, avait constaté que cette chapelle ne servait plus à l'exercice du culte ; il rapporte, en effet, que les fenêtres n'étaient plus vitrées et que la voûte au-dessus de l'autel, tombait en ruines.

BERNIÈRES

60 paroissiens ou 300 habitants

La paroissse de Bernières, connue autrefois sous le nom de Beuzemouchel, a eu sa léproserie particulière, qui dût être supprimée au commencement du xvi⁰ siècle, car à la fin de ce siècle, cette paroisse est indiquée comme dépendant de la léproserie de Vattetot.

La chapelle construite au xiiie siècle servit d'église paroissiale jusque dans ces dernières années, comme nous l'apprend M. l'abbé Cochet, auquel nous empruntons ces détails : Les bâtiments de la léproserie y attenaient, et les derniers vestiges disparurent quelques années avant la révolution. L'emplacement appartenait, il y à trente ans, à M. le marquis de Lillers.

Près de là existe un vivier connu sous le nom de *mare-aux-galleux* ; on dit même que l'if du cimetière est planté sur la *source au malade*.

BOLBEC

250 paroissiens ou 1,250 habitants

Aux portes de cette ville, dans un petit vallon où passe la route de Goderville, on remarque une maison d'habitation, présentant un caractère monastique. et dont la reconstruction remonte à la fin du xviie siècle ; c'est l'ancien prieuré du *Val-aux-Grés*, appelé aussi le *Val-aux-Malades*, et où avait été établie la léproserie de Bolbec ; mais c'était plutôt un monastère qu'un hôpital.

3.

Cette léproserie avait été fondée en 1108, par un chanoine de Saint-Laurent-en-Lyons, nommé Gautier Maloiseau, compagnon de Hugues de Saint-Jovinien. Dans la suite, aidé, dit-on, du roi d'Angleterre, cet homme généreux l'augmenta et l'enrichit considérablement ; la superficie de cet établissement n'était pas moindre de 67 hectares.

Gautier le fit diviser en quatre parties, isolées par des murailles construites avec des grès tirés des carrières des environs : la première destinée aux chanoines-clercs chargés du temporel et du spirituel de la maison, la seconde pour les lépreux, la troisième pour les lépreuses, et la quatrième pour des femmes pieuses, dévouées aux soins de ces dernières.

D'après les grands rôles de l'Echiquier de Normandie, les lépreux du prieuré de Bolbec jouissaient d'une rente de six livres 9 sols sur les biens du roi, rente qui se confondait, très-certainement, avec celle accordée primitivement par le roi Louis VII.

Lorsque la lèpre eut à peu près totalement cessé, ce prieuré resta dans un abandon complet ; il n'y avait plus qu'un chanoine presque septuagénaire qui y résidait et était en possession des revenus. De même que toutes les autres léproseries, les biens de celle de Bolbec ont été attribués, en 1672, à l'ordre de Saint-Lazare et de Notre-Dame-du-Mont-Carmel, et érigés en commanderie, dont M. Pierre Puchot des Alleurs fut l'unique titulaire, car il la posséda jusqu'en 1693, c'est-à-dire jusqu'à la désunion des léproseries du temporel de cet ordre.

Les religieux de Saint-Jacques-le-Majeur, chanoines réguliers de la réforme de Friardel, s'installèrent alors dans le prieuré du Val-aux-Grès et le conservèrent jusqu'à la Révolution, sans que les administrateurs de l'hôpital du Havre aient songé à le revendiquer, comme ayant fait partie d'une léproserie située dans le ressort du gouvernement du Havre.

BUGLISE

60 paroissiens ou 300 habitants

La léproserie de Buglise fit partie, au

xiiie siècle, du doyenné de Saint-Romain,
et plus tard, de celui du Havre ; elle était
très-peu importante. Il ne restait plus, en
1750, qu'un terrain contenant 3 vergées,
où avaient été autrefois construits les bâtiments des lépreux ; le revenu de cet im-
meuble, qui avait été réuni en 1696 à l'hôpital du Havre, ne se montait qu'à huit
livres par an.

CONTREMOULINS

Cette paroisse, qui actuellement fait partie de l'arrondissement d'Yvetot, était autrefois comprise dans l'étendue du gouvernement du Havre, vicomté de Montivilliers, sergenterie de Goderville et doyenné
des Loges.

La léproserie de Saint-Michel et Sainte-
Marguerite de Contremoulins, était commune aux paroisses de Ganzeville, Toussaint et Colleville. Le temporel consistait
en 6 hectares de terre, sur lesquels la chapelle existait encore en 1750.

Cette chapelle était à la présentation et
sous le patronage du possesseur du fief de
Franqueville, situé sur la paroisse de

Contremoulins. Cependant, les seigneurs de Ganzeville prétendaient également y avoir droit. Le manoir des lépreux, contenant trois acres, était situé sur le chemin de Fécamp à Rouen.

Le 27 février 1674, Pierre Maine, qui avait conservé l'administration et la jouissance de cette léproserie, fut contraint de la remettre à l'ordre de Saint-Lazare et de Notre-Dame-du-Mont-Carmel. L'hôpital de Fécamp en devint propriétaire en 1695 ; puis en 1700, elle échut à celui du Havre, lequel en céda une partie à titre de fief à M. de Hougerville, seigneur de Colleville.

ETAINHUS

86 paroissiens ou 430 habitants

La léproserie d'Etainhus, dépendant du doyenné et de la sergenterie de Saint-Romain n'était pas considérable et ne possédait, pour tout bien, qu'une demi-acre de terre, située sur cette paroisse. Cette léproserie était commune à la paroisse de Sainneville, aux termes d'un contrat passé devant les tabellions de Saint-Romain, le 2 décembre 1495. En 1592, son revenu ne se montait pas à plus de douze livres et un quarteron de feure long (sic).

L'hôpital du Havre ayant été envoyé en possession de cette léproserie, en 1696, la fieffa, en 1745, à Benjamin Pestel, seigneur de Blesimare, à la charge d'une rente foncière de cinq livres.

Dans une vieille construction voisine de l'église, lisons-nous dans la géographie de l'arrondissement du Havre, par M. l'abbé Tougard, on voit un pan de mur percé d'une fenêtre, qui servait, suivant la tradition, à confesser les lépreux ; et l'on croit que le bâtiment lui-même était une ancienne chapelle seigneuriale. Ne serait-ce pas plutôt l'ancienne chapelle de la léproserie d'Etainhus ?

ECRAINVILLE

110 paroissiens ou 550 habitants

La léproserie d'Ecrainville, commune aux paroisses de Criquetot, Tainnemare, Emalleville, Criquetot et Sausseuzemare, dépendait des doyenné et sergenterie de Saint-Romain, bien qu'elle fut voisine de Goderville.

Cette léproserie était située au Val-Mielle, sur le chemin tendant de ce hameau à Fongueusemare ; elle était aussi désignée sous le nom de léproserie de Canteleu ou Cantelou, et l'on croit qu'elle avait été fondée par les religieux de l'abbaye du Valasse. Nous croyons plutôt qu'elle était due à la générosité des seigneurs d'Ecrainville ; en effet, la chapelle était, en 1451, à la présentation de M. Pierre de Foville, seigneur de ce lieu. Plus tard, on voit encore Jeanne de Foville présenter à la chapelle et maladrerie de Cantelou.

Quoi qu'il en soit, cette léproserie existait au xiiiᵉ siècle, puisque le 6 des nones de mai 1252, le chapelain dût comparaître devant l'archevêque de Rouen, Eude Rigaud, pour répondre à une accusation d'incontinence portée contre lui.

La chapelle était dédiée à Saint-Jacques et à Saint-Lubin. Le manoir des lépreux consistait en 3 hectares de terre en nature de cour édifiée de plusieurs constructions aujourd'hui détruites, et d'une sablonnière.

Après la cessation de la lèpre à Ecrain-

ville, les biens de la léproséric furent ad-
ministrés par le trésorier de la paroisse ; à
la fin du xvi° siècle, le revenu se montait
à près de quatre-vingts livres, et l'excédant
des recettes était réparti entre les habitants,
proportionnellement à l'impôt de la taille ;
une partie de ces revenus était employée à
apprendre métier aux pauvres garçons.

L'hôpital général du Havre, devenu possesseur de ces biens à la suite de la déclaration de 1696, les céda, en 1733, à titre de
fief, à M. François Alexandre de Foville,
chevalier, seigneur et patron d'Ecrainville,
moyennant 60 livres de rente foncière.

· ETRETAT

180 paroissiens ou 900 habitants

M. l'abbé Cochet a publié sur la léproserie d'Etretat des documents très-intéressants que nous mettons à profit, en la
mentionnant dans cette nomenclature.

La léproserie d'Etretat, doyenné des
Loges, sergenterie de Goderville, était
commune à la paroisse de Saint-Clair, et
généralement connue sous le nom de Saint-
Clair-sur-Etretat. Elle est aussi appelée

quelquefois léproserie de Saint-Nicolas-
de-la-Chantrerie d'Etretat.

Cette maladrerie était placée dans le
Grand-Val, sur le territoire de Saint-Clair,
et sa fondation remontait au xiie siècle.
Les paroissiens de ces deux endroits et de
ceux environnants s'étaient réunis pour la
fonder, et le seigneur de Saint-Clair aura
sans doute donné l'emplacement, car les
présentations à la chapelle étaient faites
au nom des sires d'Estoutteville, seigneurs
de ce lieu.

La chapelle dédiée à Saint-Nicolas était
desservie, ainsi que la léproserie, par plusieurs frères hospitaliers, comme le cons-
tate un aveu, en date du 12 septembre 1474,
délivré *au nom des frères tant sains que
malades, par Jean Baillard, prêtre curé,
alors administrateur.* Ces religieux devaient,
en outre, chanter les louanges du Très-
Haut, si nous en jugeons par cette dénomination de *Saint-Nicolas-de-la-Chantrerie*
donnée à la chapelle. D'un autre côté, il
serait possible que cette qualification pro-
vint de la seigneurie de la Chanterie,
d'où dépendaient plusieurs terres sises à

Cuverville et faisant partie de la métairie
des lépreux. Cette léproserie avait été con-
venablement dotée, car elle possédait plus
de 18 hectares de terre situés à Bordeaux,
Bénouville, Pierrefiques et même Auber-
ville-la-Renault.

Au xviie siècle, époque où sans doute il
n'y avait plus de lépreux à Etretat, les
biens de la léproserie étaient régis par un
procureur-syndic, mais la chapelle était
encore desservie par un ecclésiastique qui,
en 1670, était en même temps curé de
Saint-Clair. Après la mort de ce dernier,
nommé Petit, l'administration en fut confiée à M. Pierre Auxjoyaux, officier hospi-
talier, demeurant au bourg de Fécamp,
paroisse Saint-Fromond.

Le compte de ce fonctionnaire, pour l'espace de quatre ans, c'est-à-dire de 1670 à
1674, nous révèle l'emploi qui était fait
alors des revenus des lépreux et des
faits très-intéressants concernant cette léproserie.

Pierre Auxjoyaux était un officier de
santé, en même temps pharmacien, qui
allait dans les paroisses voisines dépendant

de la léproserie d'Etretat, *panser et médica-menter les pauvres malades estant en icelles* ; à titre de rétribution, il prélevait sur les revenus de la léproserie une somme de 50 livres annuellement. Cet administrateur fournissait, en outre, des secours en argent aux vieillards et aux impotents de ces mêmes paroisses ; enfin, il devait veiller à l'entretien de la chapelle et des autres bâtiments.

Chaque année, le jour de la Saint-Nicolas d'hiver, se tenait une foire près de la chapelle de Saint-Nicolas, et un prédicateur venait y prêcher pendant l'Avent. On lit en effet, dans le compte de P. Auxjoyaux, « qu'il a payé 12 livres chaque année au « prédicateur, pour avoir dit et célébré les « messes les jour et fête de Saint-Nicolas « et autres pendant l'Avent, et prêché « lesdits jours, en ladite chapelle, en « raison de la foire, qui se tient ledit « jour. »

Toutes ces pratiques continuèrent encore quelque temps, puis elles disparurent. Le 22 janvier 1681, un arrêt, rendu par la Chambre Royale, envoya l'ordre de Saint-

Lazare en possession de la maladrerie
d'Etretat ; cet ordre concéda les revenus à
Michel Legrand, écuyer, sieur de Vitanval,
en sa qualité de chevalier de justice dans
l'Ordre. L'hôpital général du Havre entra
en possession de la léproserie d'Etretat, en
1697, après l'avoir revendiquée aux mains
des administrateurs de celui de Fécamp, à
qui elle avait été attribuée en 1695, et l'a
convertie en ferme connue sous le nom
de *ferme de la chapelle*. Cette ferme est
aujourd'hui la propriété de M. F. Vallois,
possesseur actuel du château du Tilleul.

FAUVILLE
160 paroissiens ou 800 habitants

Cette paroisse, comprise actuellement
dans l'arrondissement d'Yvetot, faisait partie du gouvernement du Havre et de la
sergenterie de Goderville ; sa léproserie
était commune à Ricarville, Foucart,
Auberbosc, Auzouville et Cléville ; elle
était sous le patronage des ducs de Longueville et placée sous le vocable de Saint-
Paul. En 1750, son revenu ne se montait
qu'à 40 livres, produit de 4 acres de terre

qui en dépendaient, et qui étaient situées à Ricarville, chemin de Fauville, et sur lesquelles étaient édifiés la chapelle Saint-Paul et la masure de la léproserie. Cette chapelle servait encore au culte, au commencement du xviiie siècle, car en 1713, Mgr Claude d'Aubigné, accompagné de son vicaire général, en fit la visite ; elle avait été reconstruite au commencement du xviie siècle, pour être démolie de nouveau en 1740.

La léproserie de Fauville, fut d'abord réunie en 1699 à l'Hôpital de Grainville, fondé par M. Bec de Lièvre, seigneur de Cany et premier président de la cour des aides de Rouen, mais comme étant située dans l'étendue du gouvernement du Havre ; elle a été attribuée en définitive, en 1695, à l'Hôpital de cette dernière ville.

FÉCAMP

Cette ville, si importante au moyen-âge, paraît avoir eu jusqu'à trois léproseries ou maladreries, indépendamment de son Hôpital. La première, placée sous le vocable de Saint-Martin et de Sainte-Madeleine, était la plus considérable ; les deux autres, dédiées, l'une à Saint-Valery et l'autre dite de Saint-Jacques-du-Sépulcre, étaient beaucoup moins importantes.

La léproserie de Saint-Martin et de Sainte-Madeleine, bien que dépendant du doyenné des Loges, faisait partie de l'exemption de l'Abbaye de Fécamp.

La chapelle de Saint-Martin se trouvait sur la paroisse Sainte-Croix, chemin de Saint-Léonard à Fécamp ; on y arrivait aussi par le chemin d'Epreville, les bâtiments à l'usage des lépreux y attenaient ; il existait en outre, à cet endroit, un petit oratoire dédié à Notre-Dame-de-Grâce.

Le temporel de cette léproserie comprenait cinq acres de terre, situées sur les paroisses de Saint-Etienne et de Sainte-Croix, et une demi-acre à Elétot, produisant 150 livres de rentes, un droit de dixme sur 40 acres assises, paroisse de Sainte-Colombe, produisant 40 livres, et 370 livres de rentes sur l'Abbaye de Fécamp, qui, selon toute probabilité, avait fondé cette léproserie.

En effet, aux termes d'un accord passé le 23 mars 1542, l'Abbaye de Fécamp *s'engagea de nouveau* à pourvoir à l'entretien de douze lépreux, en leur fournissant annuellement 120 livres, plus 10 livres pour leur vêterie (*sic*), 6 livres et un *hambourge* de bière pour leur nourriture de chaque semaine. En outre, l'Abbaye accordait aux mêmes lépreux : un mille de harengs saurs pour le temps du Carême, 24 boisseaux d'avoine, 6 chapons et 6 petits pains aux cinq grandes fêtes de l'année. Enfin, l'administrateur de la léproserie prélevait un minot de sel sur chaque navire débarquant à Fécamp, parce qu'en échange, il fournissait les mesures pour la vérification de cette marchandise.

Au xvie siècle et dans les premières années du xviie, cette léproserie était administrée par un chapelain, et notamment en 1605, par Pierre Lheroudel, qui prenait le titre de curé de la Madeleine. Vers le milieu du xviie siècle, l'administration était confiée aux religieux bénédictins de l'Abbaye de Fécamp. En 1658, Don René Malaric y fut remplacé par Don Jacques de Médinne, qui l'administrait encore en 1672, et dût remettre les revenus à l'ordre de Saint-Lazare et de Notre-Dame-du-Mont-Carmel. Pendant la jouissance de cet ordre, la léproserie de Saint-Martin était le chef-lieu de la commanderie de Fécamp, de laquelle dépendaient les léproseries de Senneville, Valmont et Fauville. Cette commanderie avait d'abord été accordée au marquis de Louvois (1676), puis elle passa aux mains de M. du Reffuge, capitaine aux gardes françaises, qui la conserva jusqu'en 1693.

A cette époque, l'ordre de Saint-Lazare ayant été obligé de délaisser toutes les léproseries, celle de Fécamp devint sans emploi. Usant de leurs droits de fondateurs ou prétendus tels, les religieux de l'Abbaye de Fécamp, auxquels s'étaient joints les échevins de la ville, obtinrent du roi, en 1695, un édit leur attribuant les biens de cette léproserie, dans le but d'en doter l'Hôpital, dont la réorganisation venait d'être décidée.

Sur ces entrefaites, les administrateurs de l'Hôpital du Havre revendiquèrent cette propriété, en vertu de leurs lettres-patentes du 20 mai 1669 ; ils intentèrent un gros procès aux religieux de Fécamp, procès qui se termina à l'avantage de l'Hôpital du Havre. En effet, par arrêt du 7 mai 1,700, il fut envoyé en possession de la léproserie de Saint-Martin de Fécamp.

Ces biens ont été fieffés, en 1740, au curé de la paroisse Sainte-Croix, à la charge d'une rente de 115 livres.

La léproserie de Saint-Jacques-du-Sépulcre avait aussi été fondée par les religieux de Fécamp, et existait encore à la fin du XVIIe siècle. A cette époque, ces religieux en réunirent les biens à leur manse conventuelle, en vertu de leurs droits de fondateurs, et sans que les administrateurs de l'Hôpital du Havre se fussent opposés à cette annexion.

Suivant la tradition, l'ancienne chapelle de Saint-Valery aurait été primitivement une léproserie ; mais nous ne possédons aucun document la concernant.

FROBERVILLE

100 paroissiens ou 500 habitants

La léproserie de Froberville, aux doyenné

4.

des Loges et sergenterie de Goderville, était commune pour moitié à la paroisse de Criquebeuf et pour chacune un quart à celles de Froberville et de Gerville. Lorsqu'il y avait des malades, ces paroisses devaient contribuer à l'excédant de dépenses dans la proportion de leurs droits ; c'est la seule léproserie où nous ayons rencontré ces parts inégales.

Cette léproserie était située au Val-Babeuf, sur le bord d'un chemin allant de Froberville à Epouville, à proximité de la route du Havre à Fécamp ; elle était souvent désignée sous le nom de léproserie du Val-Babeuf.

L'importance de cet établissement était très-minime ; il ne possédait que deux acres de terre, aussi le revenu ne se montait qu'à 10 livres en 1694, et à 20 livres un demi-siècle après. Il n'y avait plus de malades dès l'année 1594, les deux derniers lépreux étant décédés l'année précédente. A partir de l'année 1595, la terre de la léproserie fut affermée à un particulier, et l'on conserva seulement une partie de la maison pour les cas de nécessité.

On a retrouvé à Froberville le chemin des lépreux, dont l'agger est bien conservé. Ce chemin, partant de la léproserie du Val-Babeuf, traversait le bois des Hogues et allait à la mer par une valeuse, (chemin dans la falaise). On prétend qu'il existait, en outre, un autre chemin passant aux Loges et à Froberville, qui aurait eu pour point de départ une léproserie présumée avoir existé sur la paroisse des Loges.

La léproserie de Froberville fut d'abord unie, en 1695, à l'hôpital de Fécamp, puis attribuée à celui du Havre, en 1700

GAINNEVILLE

La léproserie de Gainneville, aux doyenné de Saint-Romain et sergenterie de Montivilliers, était commune à Saint-Laurent-de-Brèvedent et à Eprétot, et connue sous le nom de *rouge-léproserie*.

Cette maladrerie consistait, au commencement du xviiie siècle, en une cour d'une superficie de trois hectares, située sur le territoire de Gainneville, à la limite de Saint-Laurent-de-Brèvedent, près du château de Houdetot. La chapelle élevée sur le territoire de Saint-Laurent, existait en 1544; mais au xviie siècle, elle a disparu ainsi que tous les bâtiments à l'usage des lépreux. Le revenu se montait seulement à 12 livres à la fin du xvie siècle.

Par arrêt du Conseil d'Etat privé du roi, en date du 15 juillet 1695, cette léproserie fut d'abord réunie à l'hôpital de Montivilliers, puis, sur la revendication faite par les administrateurs de l'hôpital du Havre, attribuée à celui-ci, en 1700, et enfin vendue, en 1741, à M. le marquis d'Houdetot, moyennant le prix relativement élevé de trois mille livres.

GONFREVILLE-L'ORCHER

80 paroissiens

La léproserie de Gonfreville-l'Orcher, doyenné de Saint-Romain et sergenterie d'Harfleur, a été supprimée ou aliénée à la fin du xviie siècle ; elle était commune avec la paroisse de Saint-Martin-du-Manoir, et son revenu se composait, à la fin du xvie siècle, d'un trait de dîme d'une valeur de dix livres et du produit de quelques pièces de terre sur le versant de la côte, sur l'une desquelles avait été édifiée la chapelle.

Cette chapelle était déjà ruinée à la fin du xvie siècle, et l'on n'en voyait plus que quelques vestiges dans une cour appelée *cour du pradon*.

Cette léproserie possédait en outre, lisons-nous dans un manuscrit de la fin du xvie siècle, « *un clos étant de l'autre côté des* « *chaises de pierre de la chaussée, où l'on* « *dit que les malades s'affaissaient* » ?... passage bien obscur et que nous ne nous expliquons pas suffisamment.

Indépendamment de cette léproserie, nous avons vu figurer sur l'Etat des léproseries de la vicomté de Montivilliers, la chapelle de Notre-Dame-des-Bois, dépendant d'Orcher, comme étant aussi une léproserie, mais nous croyons qu'il y a confusion, et que cette paroisse n'en possédait qu'une. En effet, le prieuré de Notre-Dame-des-Bois avait été fondé en 1340, par un clerc du tiers ordre de Saint-François, nommé Le Marchand, et Guillaume d'Auricher ou d'Orcher, maréchal de Normandie, qui y installèrent trois religieux de l'Abbaye de

Valmont, avec mission de chanter chaque jour messe, matines, vêpres et oraisons à l'intention des fondateurs. Or, la charte de fondation, ne s'occupe nullement du soin des lépreux et aucun document ne mentionne que dans la suite il y ait eu des malades atteints de lèpre. En 1523, notamment, le prieuré était occupé par un seul religieux, nommé Yves Alles, qui portait le titre de prieur.

Cette chapelle a été supprimée et aliénée lors de la révolution de 1789.

HERMÉVILLE

Hermeville avait une léproserie commune à la paroisse de Coudray (aujourd'hui réunie à Vergetot). Peut-être est-ce à cause de cette léproserie qui, sans doute, était dédiée à Sainte-Madeleine, que l'on a donné à un hameau du Coudray le nom de : *Madeleine-de-la-Coudrée*. Elle était située sur le chemin d'Epouville au Coudray et possédait, en 1593, un revenu de 27 livres, produit de 3 acres de terre qui en dépendaient. Les administrateurs de l'hôpital du Havre ne la revendiquèrent pas, probablement parce qu'elle était rentrée en la possession des anciens fondateurs.

Suivant M. l'abbé Tougard, la chapelle de cette léproserie aurait subsisté jusqu'à la Révolution.

HARFLEUR

Cette ville, autrefois si importante par sa population et par son commerce avec toutes les nations du globe, était plus sujette à recevoir des lépreux ; aussi eut-elle deux léproseries extra-muros : l'une dédiée à *Saint-Eloi*, l'autre dite de *Saint-Din-Lefort*.

La léproserie de Saint-Eloi, située sur la côte d'Harfleur, après avoir servi aux lépreux, devint un hôpital de pestiférés ; elle est mentionnée dans les rôles de Henri V roi d'Angleterre, sous le titre de *Hospitali Sti Elegi prope Harfleur*, et resta longtemps abandonnée faute de lépreux ; mais on la restaura en 1522. En effet, disent les auteurs de l'histoire d'Harfleur, on paya à Jehan Melin, terreur de maisons (sic), la somme relativement considérable de 60 livres, *pour avoir radoubé la maison aux malades*, et on y installa les pestiférés. À la fin du xvie siècle, cet établissement tombait de nouveau en ruines et n'avait presque plus de valeur, si ce n'est à cause de quelques terres dépendant de la maladrerie.

La léproserie de Saint-Din-Lefort, aussi appelée Notre-Dame-au-Port, située près de Gonfreville-l'Orcher, paraît avoir été fondée par les premiers seigneurs d'Orcher, elle cessa d'être affectée aux lépreux au commencement du xvie siècle. En 1598, c'était le curé de Saint-Sauveur de Montivilliers qui en était titulaire et profitait du revenu, se montant annuellement à 40 livres. Le service divin y était célébré deux fois par semaine.

Au moment de la Révolution, la chapelle cessa d'être consacrée au culte ; ses biens furent confisqués, et on la voit encore à côté de la modeste habitation du fermier.

LES LOGES

Dans sa géographie de l'arrondissement du Havre, M. l'abbé Tougard rappelle

que la chapelle de Sainte-Marguerite-de-
Bezancourt, située près du château des
Loges, desservît une ancienne léproserie.
Nous n'avons pu vérifier le fait, en l'absence
de renseignements ; on ne la voit men-
tionnée nulle part.

LILLEBONNE

300 paroissiens

La léproserie de Lillebonne, au doyenné
de Foville, est mentionnée sur les grands
rôles de l'Echiquier de Normandie, où on
lit que les lépreux de Lillebonne recevaient annuellement, de l'aumône du roi,
cinq livres chaque année ; c'était sans
doute la rente qui avait été léguée par le
roi Louis VII.

La chapelle de cette léproserie était dédiée à Saint-Léonard, et en 1685, elle était
à la présentation de M. Henri de Lorraine,
dit le prince d'Elbeuf, à cause de son comté
de Lillebonne.

D'après M. l'abbé Tougard, cette léproserie était située sur le chemin de Lillebonne à Caudebec, et les revenus auront

probablement été réunis à l'hôpital de Caudebec, ainsi que ceux de la léproserie de
Saint-Amator, située à peu de distance
de là.

MESMOULINS

La chapelle-léproserie de Mesmoulins, au
doyenné de Valmont, et plus tard ayant
fait partie de celui des Loges et sergenterie
de Goderville, était dédiée à Saint-Leu et
à Saint-Gilles-de-Marolles. Elle était commune à Mentheville, Tourville, Auberville,
Igneauville, Epreville, Annouville, Vilmes-
nil, Bretteville et Baigneville.

Cette chapelle, démolie en 1745, était
édifiée sur une métairie d'environ deux
hectares, située sur le chemin de Fauville
à Fécamp, c'est-à-dire à proximité de celle
du Bec-de-Mortagne ; on y accédait, en
outre, par un chemin tendant de l'église
de Mesmoulins à la chapelle.

Cette léproserie possédait plus de douze
hectares de terre à Mesmoulins et à Tourville, qui produisaient, en 1592, un revenu
de cinquante écus. Robert de Dambont en
était le chapelain à cette époque. Pierre

Paumier de la Bucaille, administrateur en 1672, la remit aux dignitaires de l'ordre de Notre-Dame-du-Mont-Carmel et de Saint-Lazare, qui, à leur tour, durent l'abandonner en 1693, et l'hôpital du Havre en devint propriétaire en 1696.

MÉLAMARE

80 paroissiens

Dans la nomenclature des léproseries de la vicomté de Montivilliers, dressée vers 1600, on voit figurer la chapelle de Sainte-Honorine, bâtie dans un vallon, portant le nom de fond et côte Sainte-Honorine, et que l'on a prétendu être le lieu du martyre de sainte Honorine ; nous ne l'avons vue mentionnée dans aucun autre titre, et nous l'indiquons ici seulement pour ordre. La chapelle existe encore et paraît remonter au xiiie siècle ; elle fut visitée en 1713, par Monseigneur d'Aubigné, archevêque de Rouen.

MONTIVILLIERS

La léproserie de Saint-Gilles de Montivilliers était commune aux paroisses Sainte-Croix, Saint-Germain et Saint-Sauveur, toutes trois dans l'enceinte de la ville, ainsi qu'à celle de Fontenay, Octeville, Heuqueville et Rolleville, où il n'y avait pas de maladrerie. Cette léproserie avait été fondée et dotée par les rois de France, et la maison des lépreux a toujours relevé du roi, ainsi que cela résulte d'une déclaration faite le 24 janvier 1547, par les sains et malades.

Les lépreux avaient notamment le droit de prélever, pour taxe de mesurage, un denier par boisseau sur tous les grains apportés à la halle de Montivilliers.

Les deux bâtiments leur servant d'habitation et la chapelle qui leur était réservée était édifiée dans une cour entourée de joncs-marins et de bois taillis, située sur la route de Montivilliers à Harfleur (paroisse Sainte-Croix.

L'abbesse de Montivilliers, avait droit de patronage et de présentation sur la chapelle, qu'elle faisait desservir par un chapelain auquel elle accordait, pendant les xvᵉ et xviᵉ siècles, 100 sols de rente annuelle, plus 14 pains, dits *pains de prêtre*, à prendre sur le four de l'Abbaye.

Parmi les chapelains qui se succédèrent dans la léproserie de Montivilliers, nous remarquons Richard Eustache (1464) ; Louis Mutel (1526) ; Jacques de Gonneville (1587) ; François Dubosc (1602) ; Charles Philippe (1635) ; J. Cailly (1652) ; Hippolyte Feret (1656-1663) ; Louis Feret (1668) ; Léonard Feret (1673) ; Jacques Lheureux, (1700) et Jean Hanot (1708), dernier chapelain.

Le temporel de cette léproserie était assez considérable ; il se composait notamment de 13 hectares de terre, situés aux environs, d'un droit de dîme sur les paroisses de Saint-Germain, Saint-Sauveur et le Fontenay, du droit de mesurage sur les grains entrant à la Halle ; de 16 livres de rente à prendre sur la cure d'Octeville, d'une autre rente de 5 livres à prélever sur les dîmes d'Heuqueville, et d'une redevance de 17 livres 12 sols sur l'abbaye de Montivilliers. Enfin, les lépreux avaient droit à un certain nombre de pains qui leur étaient fournis par cette même Abbaye.

En 1506, un procès s'engagea entre les religieuses de Montivilliers, d'une part, les sains et malades de la léproserie de Saint-Gilles et les habitants de la ville, d'autre part, au sujet des redevances dues par l'Abbaye et du traitement du chapelain. Ce procès fut jugé contre l'abbesse, par sentence du vicomte de Caudebec, confirmée par arrêt de la cour du Parlement de Rouen, en date du 12 mai 1507. Aux termes de ces décisions, le chapelain qui avait cru pouvoir s'appliquer l'excédant des revenus de la léproserie, dût, à l'avenir, se contenter des cent sols de rente et des quelques pains qui lui avaient été accordés et à la charge de célébrer les services religieux. La même sentence confirma aux lépreux le droit de prélever sur les revenus de l'Abbaye, une rente de dix livres et de prendre, chaque semaine, aux moulins d'Ambray et de la Porte, 136 tourtes de pain pesant cinquante-deux onces chacune.

Le Roi ayant prélevé, en 1641, un emprunt sur toutes les léproseries du royaume, celle de Saint Gilles avait été taxée, par les députés de la Chambre des amortissements, à quinze cents livres ; mais grâce à l'influence d'un habitant de la ville, nommé Charles Mauger, cette taxe fut réduite des deux tiers. Cependant, les revenus se trouvant encore insuffisants pour acquitter cette somme, l'abbesse de Montivilliers, patronne de la léproserie, fit assembler les curés de l'exemption qui y avaient droit, afin d'aviser aux moyens d'acquitter la taxe ; il fut décidé, dans cette réunion, que l'on vendrait le bois taillis pour se libérer.

Une nouvelle difficulté s'éleva, en 1657, au sujet du droit de patronage, entre l'abbesse de Montivilliers et un chapelain qui venait d'être nommé par le roi, à la léproserie de Saint-Gilles. L'abbesse soutint avoir seule droit à cette présentation, et refusa d'accepter les lettres de nomination de cet ecclésiastique nommé René Le Bret de la Bretonnière. Un arrêt du Grand Conseil, en date du 25 octobre 1657, donna raison à l'abbesse, qui fut maintenue dans le privilège de conférer à ladite chapelle et d'employer les revenus suivant l'usage habituel.

Mais en 1676, l'abbaye de Montivilliers
et les maires échevins de cette ville, qui
s'étaient coalisés pour essayer de conser-
ver les biens de la léproserie, dûrent, en
exécution d'un arrêt du 9 mai 1676, l'abandonner au profit de l'ordre de Saint-Lazare
et de Notre-Dame-du-Mont-Carmel.

Après la désunion des biens des léproseries de ceux de l'ordre de Saint-Lazare,
c'est-à-dire en 1693, l'abbesse et les administrateurs de l'hôpital de Montivilliers
voulurent de nouveau se faire attribuer la
léproserie de Saint-Gilles : ils réussirent
à obtenir, le 15 juillet 1695, un arrêt du
Conseil d'Etat unissant à cet hôpital les
biens des léproseries de Saint-Gilles, de
Saint-Eustache-sur-le-Bec et de Gainneville. Les administrateurs de l'hôpital du
Havre leur intentèrent alors un procès en
revendication qui dura fort longtemps ;
mais ils triomphèrent dans leurs droits, et
un nouvel arrêt du Conseil, rendu le 16
juillet 1708, ordonna l'exécution pure et
simple des lettres-patentes données à l'hôpital du Havre, le 16 mars 1669, en ce
qu'elles concernaient les biens des léprose-

ries Nous avons vu que l'abbaye de Montivilliers accordait, chaque semaine, 136 pains aux habitants de la léproserie de cette ville ; dans un esprit de conciliation, les administrateurs de l'hôpital du Havre, qui avaient droit à toutes les redevances, soit en nature, soit en argent, consentirent à ce que ce don fut reporté sur l'hôpital de Montivilliers.

A peine l'hôpital du Havre était il en possession de la léproserie de Montivilliers, que ses administrateurs se mirent en devoir de supprimer la chapelle, peut-être pour éviter de nouveaux procès au sujet du patronage. Le 13 août 1708, c'est-à-dire un mois à peine après l'arrêt de réunion, un de ces administrateurs se rendit à Montivilliers, et là, en présence de Jean Hanot, chapelain, constata l'état dans lequel se trouvaient la léproserie, la chapelle, les meubles et les ornements qu'elle renfermait. L'ameublement était très-simple, un autel orné de trois statuettes, une contretable représentant la Nativité de la Sainte-Vierge et surmontée de l'image du patron de la léproserie ; à côté, un bahut en

chêne renfermait quelques ornements ; tel
était le mobilier du chœur, et deux petits
autels latéraux, une petite cloche en fonte
suspendue dans le clocher, complétaient
l'ameublement ; l'édifice était couvert en
tuiles et l'on en commença immédiatement
la démolition.

Il est probable que les verrières avaient
quelque valeur, car l'administrateur délé-
gué les fit enlever et déposer soigneusement
chez le fermier de la léproserie. Tous les
ornements et la cloche furent ensuite trans-
portés dans les magasins de l'hôpital du
Havre.

ROUELLES

La léproserie de Rouelles, dédiée à Saint-
Léonard, dépendant de l'exemption de
Montivilliers, était commune aux paroisses
de Graville, Saint-Supplix, Lheure et Fontaine. Le temporel consistait en trois hectares de terre situés à Rouelles, hameau du
Clos-du-Puits. Le curé de la paroisse était
chargé de l'administration de ces biens, dès
le XVI⁰ siècle ; la léproserie fut supprimée à
la fin du siècle suivant, et il est probable

que les revenus auront retourné aux anciens fondateurs.

SANVIC

L'existence de la léproserie de Sanvic a
souvent été mise en doute ; mais il est aujourd'hui incontestable que cette paroisse
en possédait une, peu importante sous le
rapport de ses ressources, mais qui, au XVIᵉ
siècle, dût néanmoins recueillir beaucoup
de lépreux.

En effet, cette léproserie, non-seulement
était commune aux paroisses environnan-
tes, telles que Ingouville, Sainte-Adresse,
Bléville, et l'a été jusqu'en 1628, mais re-
cueillait encore les lépreux de la nouvelle
ville du Havre qui n'avait pas de léproserie particulière, ainsi que le constatent les
registres de l'Etat civil de Sanvic, où nous
avons retrouvé la mention du décès de
deux lépreux dans l'espace de 4 ans, et de
deux autres 30 ans plus tard, ce qui était
assez rare.

On y lit ce qui suit : Le 11 novembre 1585 décéda Jean Guérillon, lépreux
à Sanvic, et son corps fut inhumé au ci-

metière de Sanvic. Le 2 janvier 1589,
décéda *le lépreux mis à Sanvic par les habitants du Havre.* Le 16 octobre 1624, mourut Isabeau (nom de famille en blanc),
lépreuse ayant chambre en la léproserie de
Sanvic, depuis deux ans. Le 26 juin 1632,
Françoise (même lacune dans le nom pa-
tronymique), décéda en la léproserie de
Sanvic, à l'âge de 42 ans, et fut inhumée
au cimetière de Sanvic. Ces lépreuses, dont
le nom était inconnu, ne pouvaient être
des habitantes de Sanvic ou des environs,
et résidaient sans doute au Havre avant
d'être atteintes de la lèpre.

Les administrateurs de la léproserie de
Sanvic réussirent, en 1628, à s'exonérer de
l'obligation de recevoir les lépreux du Havre
et des environs, ce qui résulte de la mention suivante. « Pour la léproserie de San-
« vic, le mardi 17 octobre 1628, sentence
« fut donnée ès assises mercuriales du
« Havre, en la juridiction tenue par M. de
« Cauville, les administrateurs de la lépro-
« serie de Sanvic, gardiens de ladite sen-
« tence pour y avoir recours si besoin est.
« Les habitants du Havre demeurent char-

« gés de fournir à la nourriture et aux
« autres nécessités des lépreux de ladite
« ville du Havre, sans que les autres pa-
« roisses y soient subies sinon ; accordant
« que chacun nourrira ses lépreux s'il s'en
« trouve, à savoir : ladite ville du Havre,
« ses lépreux, et les autres paroisses les
« leurs. »

Par suite de cette décision, les lépreux
du Havre, si toutefois il s'en rencontra,
furent recueillis dans le pré-de-santé
Saint-Roch, qui venait d'être construite
(1628.)

La léproserie de Sanvic, déjà ruinée au
commencement du xviiie siècle, était située
au hameau de la *Mare-au-Clerc*, sur le
bord du chemin tendant du Havre à ce
quartier ; elle était limitée au sud par un
sentier connu sous le nom de *Sente-au-
Moine*, partant de la rue de Boulogne et
allant rejoindre le chemin dit de la *Mare-
au-Clerc*. Ce sentier, par son isolement de
toute habitation, était sans aucun doute la
Sente-des-Lépreux que l'on retrouve à
Saint-Jouin et à Froberville. Nous croyons
même que le nom de *Mare-au-Clerc* donné

à ce hameau, provient de l'existence de la léproserie à cet endroit.

En effet, ces sortes d'établissements étaient desservis par un ou plusieurs clercs ; la mare voisine aura peut-être été le théâtre de quelque accident ou de quelque crime, et pour perpétuer le souvenir de ce tragique événement, on aura donné au hameau la dénomination de *Mare-au-Clerc.*

Au milieu du xvıı⁰ siècle, la léproserie de Sauvic était devenue sans emploi, par la cessation de la lèpre, M. de Bondeville, lieutenant général du bailli de Caux, l'attribua, par sentence du 1ᵉʳ juillet 1659, aux pauvres de cette paroisse ; cette donation comprenait les bâtiments et la cour, d'une superficie d'une demi-acre, dont le revenu devait être distribué par les soins du curé.

Le 1ᵉʳ décembre 1665, celui-ci rendit compte de sa mission aux habitants de Sauvic ; le revenu annuel se montait à 15 livres, et il était resté un excédant de 37 livres pour les cinq années somme qui fut distribuée aux pauvres.

Dans la suite, et jusqu'en 1679, le trésorier de la fabrique de Sanvic fut chargé
de la gestion de ces revenus.

Le 12 mai 1680, il fit une déclaration de
propriété au bureau des amortissements ;
puis, les administrateurs de l'hôpital du
Havre, lequel par lettres-patentes était attri-
butaire de toutes les léproseries du gouvernement du Havre, revendiquèrent et obtinrent l'envoi en possession de celle de Sanvic, d'autant plus facilement que l'ordre de
Saint-Lazare et de Notre-Dame-du-Mont
Carmel n'avait fait aucune diligence pour
la réunir à ses biens.

Les bâtiments sont aujourd'hui totalement rasés et il n'existe plus que l'emplacement en culture.

SENNEVILLE-SUR-FÉCAMP

La léproserie de Senneville, au doyenné
de Valmont, plutôt connue sous le nom de
léproserie *d'Ableville*, était peu importante
et déjà ruinée au xviie siècle ; ses biens se
composaient uniquement d'une acre et
demie de terre, dont l'hôpital du Havre devint propriétaire en 1696, et que ses admi-

nistrateurs fieffèrent, en 1733, moyennant une rente de 23 livres.

Dans le tableau de l'ancienne Eglise de France, on voit figurer la chapelle de cette léproserie, qui au xviiie siècle aurait encore été au service du culte et à la présentation de l'hôpital du Havre.

SAINT-ROMAIN-DE-COLBOSC

La léproserie de Saint-Romain, doyenné et sergenterie de ce nom, était placée sous le vocable de sainte Madeleine et de sainte Véronique ; elle était commune aux paroisses de Grosmenil, Beaucamp, Saint-Aubin-des-Cerqueux, Gommerville, L'Oiselière, Saint-Antoine-la-Forêt, Tancarville, Saint-Jean-des-Essarts et La Cerlangue.

La chapelle de cette léproserie, fondée et dotée par les seigneurs de Tancarville, était dédiée à sainte Véronique, et existe encore sur le bord du chemin de L'Oiselière à Saint-Romain. Cette chapelle était naturellement à la présentation du comte de Tancarville ; c'est ainsi que, le 4 août 1563, Guillaume de Saint-Léger en avait été nommé titulaire par le duc de Longueville.

Chose remarquable, au xvᵉ siècle et notamment en 1470, les comptes d'administration de la léproserie de Saint-Romain étaient rendus devant l'archevêque de Rouen. En 1576, les revenus se montaient à 125 livres, dont 50 affectées aux honoraires du chapelain. Ce revenu était produit par 8 hectares de terre, dépendant de la léproserie.

En exécution d'un arrêt du 18 mai 1675, M. Charles Mallet, curé d'Oudalle, alors administrateur de la léproserie de Saint-Romain, fut contraint de la délaisser en faveur de l'ordre de Saint-Lazare et de Notre-Dame-du-Mont-Carmel qui en prit possession aussitôt. Elle fut accordée, en 1681, au chevalier de Dalou, commandeur de Montivilliers.

Après la désunion des léproseries du temporel de l'ordre de Saint-Lazare, la léproserie de Saint-Romain avait d'abord été attribuée, par lettres-patentes du 24 décembre 1694, à la cure de Saint-Romain ; ces lettres-patentes ordonnaient, en

outre, l'établissement d'un hôpital dans
cette paroisse, et les revenus des léproseries devaient servir à le doter. Il ne fut pas
donné suite à ce projet, et en 1697, les
administrateurs de l'hôpital du Havre se
déterminèrent à revendiquer la léproserie
de Saint-Romain et trois autres qui
avaient été affectées à la même destination par les lettres de 1694.

Mais un accord intervint, le 20 juillet
1697 ; il portait que M. Levasseur, curé-
doyen de Saint-Romain, renonçait à la
possession des quatre léproseries, moyennant le paiement d'une rente annuelle de
140 livres qui devait être répartie, moitié
entre les indigents du bourg de Saint-Romain, et l'autre moitié aux pauvres de la
Cerlangue, de Saint-Vincent, de Virville
et de Routot. Cette transaction fut annulée quelques années après, le projet d'hôpital à Saint-Romain ayant été définitive-
ment abandonné.

La chapelle de cette léproserie est aujourd'hui convertie en magasin à fourrage
et l'on y remarque encore la trace de quelques peintures murales. Mgr d'Aubigné,

archevêque de Rouen, en fit la visite en
1713, et ce ne fut pas sans opposition de la
part du clergé qu'eût lieu la transforma-
de cet édifice en une grange. En effet, dès
le 19 juillet 1768, M. Emangeard, archi-
diacre de Rouen, fit défense à Pierre Des-
champs, fermier, de se servir de la chapelle pour les usages profanes, parce que,
dans ce cas, il l'interdirait au culte. Il est
bon d'ajouter qu'elle servait encore de sta-
tion aux processions.

M. Noël, curé de Saint-Romain, de-
manda, de son côté, que l'on fit clore le
chœur, et que si le fermier voulait y placer
ses récoltes, il laissât libre le sanctuaire et
le chœur.

SAINT-AUBIN-ROUTOT

On voit quelquefois mentionnée, dans les
anciens titres, la léproserie de Routot,
mais nous n'avons pu connaître son importance ; elle aura sans doute été supprimée ou aliénée à la fin du xvii° siècle,
pendant l'administration du curé de Saint-
Romain.

SAINT-GILLES-DE-LA-NEUVILLE

Dans sa géographie de l'arrondissement du Havre, M. l'abbé Tougard dit qu'il existe dans cette paroisse les restes d'une léproserie ; nous ne possédons aucun autre renseignement qui puisse confirmer cette opinion.

SAINT-JOUIN

300 paroissiens

La léproserie de Saint-Jouin, doyenné de Saint-Romain, était commune à Beaurepaire, Anglesqueville, Villainville, Sainte-Marie-au-Bosc, Heuqueville, Mannevillette, Raimbertot, Cauville, Ecultot et Gonneville-la-Mallet.

Cette léproserie prenait quelquefois le nom de léproserie de Gonneville, et c'est sous ce titre qu'elle est mentionnée, en 1266 et 1267, sur le registre des visites pastorales de l'archevêque Eude Rigaud.

La chapelle, dédiée à sainte Marguerite, et située sur la limite de Saint-Jouin et de Gonneville, était, en 1652, à la présentation de Louis de Bourbon, prince de Condé et duc d'Enghien. Le manoir des lépreux, se composant de deux bâtiments et d'une cour, avait une forme triangulaire et se trouvait à peu de distance de la jonction des routes du Havre à Etretat et de Gonneville. On y accédait, soit par le chemin tendant au hameau de Vitreville à Montivilliers, soit par celui d'Heuqueville à Gonneville, ou encore par un autre chemin allant d'Ecultot à Saint-Jouin.

Le temporel de cette léproserie, qui était assez important, comprenait près de 17 hectares de terre, relevant de la seigneurie de Graville et de Gonneville. Les constructions en dépendant, et notamment la chapelle, détruites une première fois par les Anglais, furent ensuite ruinées par les calvinistes et réédifiées une deuxième fois. La chapelle a été démolie en 1712, sur la demande des administrateurs de l'hôpital du Havre, auxquels avait été attribué cette léproserie.

Dans la requête présentée à l'archevêché par les administrateurs, à l'effet d'être autorisés à procéder à cette démolition, ils exposèrent, notamment, que cet édifice était placé au milieu de la campagne, qu'il tombait en ruines, et qu'ils avaient l'intention d'employer les matériaux à la construction d'une grange, nécessaire pour la conservation des récoltes des terres en dépendant.

SAINT-VINCENT-DE-CRAMESNIL
50 paroissiens

La chapelle et léproserie de Saint-Marc-d'Obermare (paroisse aujourd'hui réunie à celle de Saint-Vincent), dépendait du doyenné et de la sergenterie de Saint-Romain, et était commune à Saint-Vigor et à la Cerlangue.

Cette léproserie était la plus importante de toutes celles situées dans l'étendue du gouvernement du Havre, si l'on excepte le prieuré du Val-aux-Grés. Elle avait été fondée et dotée par les archevêques de Rouen, ce qui explique sa richesse.

La chapelle, dédiée à sainte Véronique, était située sur le bord du chemin tendant de Beaucamp à Saint-Vincent. Le manoir des lépreux se trouvait en face, de l'autre côté de la route, et dans une petite cour

contenant une demi-acre, encore édifiée,
actuellement, de trois bâtiments ayant servi
aux malades.

La majeure partie des terres formant la
dotation de cette maladrerie, se trouvait
sur le territoire de la Cerlangue, au lieu
dit le *Champ aux malades*, et au xvıᵉ siècle,
la superficie de ce champ, dépendant entièrement de la léproserie, n'était pas moindre de 37 hectares (mesure actuelle).

En 1596, Pierre Hamelin, chanoine de
l'église de Rouen, fut nommé titulaire de
la chapelle et léproserie de Saint-Marc ; il
succédait à M. de Martinbois, conseiller
à la Cour. Cette chapelle a été détruite à la
fin du xvııᵉ siècle, et l'on n'en voit plus
que quelques vestiges sur son emplacement.

M. Louis Guerout était en possession
des revenus en 1672 ; il résigna ses fonctions entre les mains des administrateurs
de l'ordre de Saint-Lazare, en exécution de
l'édit de décembre. Cet édit ayant été rap-
porté en 1693, la léproserie de Saint-Marc
fut d'abord réunie à l'hôpital projeté à
Saint-Romain ; mais les administrateurs

de celui du Havre, ayant intenté une demande en revendication contre le curé de Saint-Romain, une transaction intervint, en 1697, aux termes de laquelle l'hôpital du Havre devait avoir la possession de cette léproserie, moyennant une rente de de 140 livres, qui fut annulée en 1700, comme nous l'avons déjà dit.

TILLEUL

60 paroissiens

Dans sa description de la Haute-Normandie, D. Toussaint-Duplessis, mentionne une ancienne chapelle, dédiée à la Sainte-Vierge, qui avait desservi la léproserie du Tilleul. Cette léproserie était déjà ruinée à la fin du xviie siècle, ainsi que le constata Mgr d'Aubigné, archevêque de Rouen, lorsqu'il la visita en 1713.

M. l'abbé Cochet, dans son histoire communale du Tilleul, nous apprend qu'elle était située dans la plaine avoisinant la mer, et qu'en 1647, elle était encore à la présentation du seigneur de Fréfossé ; il ajoute qu'en 1738, elle était réunie à l'hôpital du Havre. Ce dernier point nous parait

.. ·erroné, car on ne retrouve, dans les archives de cet établissement, aucune mention de cette léproserie.

D'un autre côté, M. Sandret, dans son tableau de l'ancienne Eglise de France, prétend qu'au xviiie siècle, cette chapelle était sous le patronage et la collation de l'hôpital du Havre ; cette assertion est contredite par Mgr d'Aubigné, qui constatait en 1713, qu'elle était ruinée.

VALMONT

70 paroissiens

La léproserie de Valmont, doyenné de ce nom et sergentérie de Goderville, était commune à Tiergeville, Tiétreville, Riville, Biville, Sorquainville et Saint-Ouen-au-Bosc ; elle était placée sous le vocable de Saint-Maur, et avait été fondée par les seigneurs d'Estoutteville, aidés des religieux de l'abbaye de Valmont.

.. .Pendant le cours de. ses visites pastorales, c'est-à-dire le 6 des nones de mai 1252, l'archevêque Rigaud, fit comparaître devant lui le chapelain de la léproserie de

Valmont, qui s'était permis quelques écarts à la discipline ecclésiastique. Lors de sa visite à l'abbaye de ce bourg, le 2 des ides de mai 1265, le même prélat constata que cette abbaye distribuait des aumônes à tous venants, trois fois par semaine, et aux lépreux dudit lieu les autres jours, ce qui semble vouloir dire qu'il y avait alors beaucoup de malades dans la léproserie de Valmont.

La chapelle, entourée d'un cordon de sapins, se trouvait sur le territoire de Tiétreville, chemin de Fauville à Valmont ; on y accédait aussi par la route du Havre à Dieppe. Cette chapelle a été démolie au mois de décembre 1727, et les matériaux vendus moyennant 15 livres. Le comble de cet édifice avait alors déjà été enlevé par des malfaiteurs et les autres débris allaient subir le même sort.

Le manoir de la léproserie était au contraire situé sur Valmont.

Le temporel consistait en un moulin à blé sur la rivière de Valmont et nommé *Moulin-aux-Malades*. Il avait été établi par les seigneurs d'Estoutteville.

La léproserie de Valmont possédait de plus environ 18 hectares de terre et bois taillis à Tiétreville et à Tiergeville, et 7 hectares à Valmont. Ces biens, non-compris le moulin, produisaient, en 1750, un revenu de 200 livres. Le moulin était fieffé pour 40 livres de rente annuelle.

Lors de la réunion des biens de cette léproserie à l'ordre de Saint-Lazare, elle fit partie de la commanderie de Fécamp et attribuée à M. du Réfuge. L'hôpital général du Havre en hérita en définitive.

VATTETOT-SOUS-BEAUMONT
100 paroissiens

La léproserie de Vattetot, doyenné de Fauville et sergenterie de Goderville, était généralement connue sous le nom de *Beaumont* ou *Beaumont-Bréauté*. Elle était commune à Gonfreville-Caillot, Beuzeville, Beuzemouchel (Bernières), Saint-Maclou-de-la-Brière, Rouville, Mirville, Grainville-l'Alouette, Imauville et Goderville.

Cette léproserie est citée par Eude Rigaud dans ses visites pastorales; en effet, pendant un synode tenu le 3 des ides de

novembre 1260, il reçut la résignation vo-
lontaire du chapelain de la léproserie de
Bello-Monte. Le même prélat mentionne,
parmi les ordinations des acolytes faites en
1261, celle de Pierre, chapelain de cette
léproserie, qui sans doute avait remplacé
le démissionnaire de l'année précédente.

La chapelle était placée primitivement
sous le vocable de Sainte-Marguerite, mais
en 1692, elle est désignée sous le titre de
Sainte-Madeleine. Elle était à la présentation du prieur de Saint-Lô de Rouen. Jean
Le Pelletier en avait été pourvu à la fin du
xvie siècle, par M. de la Brosse, aumônier
du roi, titulaire de ce prieuré.

La métairie des lépreux consistait en un
herbage édifié de quelques bâtiments et de
la chapelle qui existaient encore en 1700.
Elle touchait, d'un côté, à l'avenue dépendant du château de M. de Bailleul, et l'on
y accédait par le chemin de Fécamp à Bolbec. La superficie de cet établissement
était de 13 hectares au xvie siècle ; au xviie
siècle, le revenu se montait à 200 livres.
À cause de ces biens, la léproserie devait,
chaque année, à titre de redevance à la sei-

gneurie du Tôt, une *paire d'éperons blancs*, d'une valeur de 2 sols 6 deniers, et quinze deniers de rente.

François Gougeon, prêtre bénéficier de l'hôpital de Paris, qui était en possession de la léproserie de Vattetot, en 1672, en fit la remise le 26 août 1673, aux administrateurs de l'ordre de Saint-Lazare. En 1694, M. de Bailleul, alors curé de Vattetot, usant probablement de quelques titres de fondateur, prit possession de la léproserie, malgré la défense des administrateurs de l'hôpital du Havre, qui lui intentèrent ensuite un procès ; ils obtinrent gain de cause, et par arrêt du 5 août 1701, M. de Bailleul dut abandonner ces biens, ainsi que les revenus échus depuis 1697.

La chapelle a été démolie en 1702, sur la demande adressée par les administrateurs de l'hôpital du Havre à l'autorité ecclésiastique.

VIRVILLE

40 paroissiens

Comme la précédente la maladrerie de Virville, doyenné et sergenterie de Saint-

Romain, était placée sous le vocable de sainte Marguerite ; elle était commune à Manneville-la-Goupil.

Son existence est constatée dès le milieu du XIIIᵉ siècle. On lit en effet dans le registre des visites pastorales de Eude Rigaud, que le 6 des nones de mai 1252, il fit comparaître devant lui, le chapelain de la léproserie de Virville, dont la conduite était quelque peu légère.

Cette léproserie relevait de la vavassorerie de Manneville, Virville et Houquetot, qui avait droit de patronage sur la chapelle, ainsi que cela résulte de deux aveux, l'un du 1ᵉʳ août 1600, et l'autre du 16 novembre 1679.

Aux XVᵉ et XVIᵉ siècles, cette léproserie était administrée par un curé, et notamment, en 1462, par Guillaume Saliou.

Il ressort encore d'un autre aveu, donné le 19 avril 1533 à cette seigneurerie, appartenant alors à Guillaume de Clercy, par Thomas Bourdon, curé et administrateur, et Jacques Hauchecorne, lépreux, demeurant au manoir d'icelle, qu'il était dû par

les lépreux, au titulaire de la vavassorerie,
30 sols de rente seigneuriale.

La métairie comprenait une cour de la
superficie d'environ une acre, où étaient
construits plusieurs bâtiments et la chapelle. On y accédait par le chemin de
Bréauté à Montivilliers, et celui allant de
l'église de Virville à celle de Manneville.
Le temporel consistait en 22 acres de terre
et bois taillis, d'un revenu de 180 livres en
1680, et de 325 livres en 1750.

Pendant le xviie siècle, la jouissance de
ces biens appartint à la famille de Grainville; Pierre de Grainville, qui la possédait
dès le commencement de ce siècle, résigna
son titre le 18 décembre 1629, en faveur
d'Alexandre de Grainville.

Par arrêt du 26 mars 1675, l'ordre de
Saint-Lazare, fut envoyé en possession de
cette léproserie, dont l'hôpital du Havre
hérita en définitive, à la charge de payer
une rente de 25 livres, pour l'acquit des
services religieux.

L'ancien manoir des lépreux disparut

vers le milieu du xviiie siècle ; on lit en
effet, dans un aveu de 1758, concernant la
ferme élevée sur son emplacement, et appelée pour cela « *ferme de la maladrerie* », le
passage suivant : « Il y a, *dans la cour, une*
« *chapelle dont il ne reste plus que la motte*
« *et quelques vestiges de sa construction, des*
« *maisons et des bâtiments également détruits,*
« *qui servaient d'asile aux lépreux.* »

TABLEAU ALPHABÉTIQUE

Des Léproseries du Gouvernement du Havre, avec indication des Cantons actuels

	CANTONS.
Auberville-la-Campagne,	Lillebonne.
Bec (Notre-Dame-du),	Montivilliers.
Bernières,	Bolbec.
Bolbec,	—
Buglise,	Montivilliers.
Contremoulins,	Valmont.
Etainhus,	Saint-Romain.
Ecrainville,	Goderville.
Etretat,	Criquetot.
Fauville,	Fauville.
Fécamp,	Fécamp.
Froberville,	—
Gainneville,	Montivilliers.
Gonfreville-l'Orcher,	—
Hermeville,	Criquetot.
Harfleur,	Montivilliers.
Loges (Les),	Fécamp.
Lillebonne,	Lillebonne.
Mesmoulins,	Fécamp.
Mélamare,	Lillebonne.
Montivilliers,	Montivilliers.
Rouelles,	—
Sanvic,	Havre.
Senneville-sur-Fécamp,	Valmont.
Saint-Romain-de-Colbosc,	Saint-Romain.
Saint-Aubin-Routot,	—
Saint-Gilles-de-la-Neuville,	—
Saint-Jouin,	Criquetot.
Saint-Vincent-de-Cramesnil,	Saint-Romain.
Tilleul,	Criquetot.
Valmont,	Valmont.
Vattetot-sous-Beaumont,	Goderville.
Virville,	—

TABLE ALPHABÉTIQUE

Des Localités mentionnées dans les 1er et 2e Fascicules.

—

Arrondissement du Havre

Arrondissement d'Yvetot

Contremoulins 86 140
Fauville. 117 137 148
Senneville 85 175
Valmont 5 85 117 185
Bois-Himont 113
Caudebec 122 130
Doudeville 119

Fécamp. - Imprimerie de L. Durand.

www.ingramcontent.com/pod-product-compliance
Lightning Source LLC
Chambersburg PA
CBHW070615100426

42744CB00006B/483